使いやすい！教えやすい！家庭学習に最適の問題集！

愛知県版私立小学校
南山大学附属小学校
名進研小学校

2021
年度版

過去問題集

最新の入試問題と特徴的な出題を含めた全40問掲載

<問題集の効果的な使い方>

①お子さまの学習を始める前に、まずは保護者の方が「入試問題」の傾向や難しさを確認・把握します。その際、すべての「学習のポイント」にも目を通しましょう。

②入試に必要なさまざまな分野学習を先に行い、基礎学力を養ってください。

③学力の定着が窺えたら「過去問題」にチャレンジ！

④お子さまの得意・苦手が分かったら、さらに分野学習をすすめレベルアップを図りましょう！

必ずおさえたい問題集

南山大学附属小学校

お話の記憶	お話の記憶 初級編
推理	Ｊｒ・ウォッチャー 31「推理思考」
言語	Ｊｒ・ウォッチャー 60「言葉の音（おん）」
図形	Ｊｒ・ウォッチャー 46「回転図形」
行動観察	Ｊｒ・ウォッチャー 29「行動観察」

名進研小学校

お話の記憶	お話の記憶 中級編
図形	Ｊｒ・ウォッチャー 53「四方からの観察　積み木編」
推理	Ｊｒ・ウォッチャー 31「推理思考」
数量	Ｊｒ・ウォッチャー 14「数える」
常識	Ｊｒ・ウォッチャー 27「理科」、55「理科②」

●資料提供●
エコール・ドゥ・アンファン
小学校受験部

ISBN978-4-7761-5323-8

C6037 ¥2300E

9784776153238

日本学習図書　ニチガク

定価　本体2,300円＋税

1926037023005

目指せ！合格！

家庭学習ガイド
南山大学附属小学校

入試情報

出題形態：ペーパー・ノンペーパー
面　　接：志願者・保護者
出題領域：ペーパー（記憶・数量・図形・推理・言語・常識）、巧緻性、行動観察

受験にあたって

2021年度の1次試験は2019年11月14日、15日に実施予定となっています。試験形式は、行動観察を中心としたノンペーパーテストの試験と、プリントを使ったペーパーテストが行われました。2020年度の考査の特徴としては、前年行われていた運動の課題が出なかったことでしょう。当校の例年の考査内容を分析してみると、運動の課題が出題されない年の翌年は出題されていることがほとんどなので、本年度は出ると思って対策を取る必要はあります。

お話の記憶、数量、図形、推理、言語、常識の分野から出題されました。出題内容は、基礎的な知識を問うものですが、解答時間が短いため、それぞれの分野への理解を深め、練習問題を繰り返し、実力を身に付けておいてください。

ペーパーテスト以外の出題領域、すなわち、行動観察・巧緻性の課題では、ほかの志願者とのコミュニケーションが円滑に行えるかどうかが観点とされています。試験場でもスムーズにコミュニケーションを取るために、日常生活を通して他人との関わり方を学んでおきましょう。

また、志願者の考査待機中に保護者向けにアンケートが配布されました。主な内容としては、志願理由や当校の理念についてどのようなところに魅力を感じたか、説明会への参加、気づいた点などです。面接同様に対策をとっておきましょう。

必要とされる力　ベスト6

チャートで早わかり！

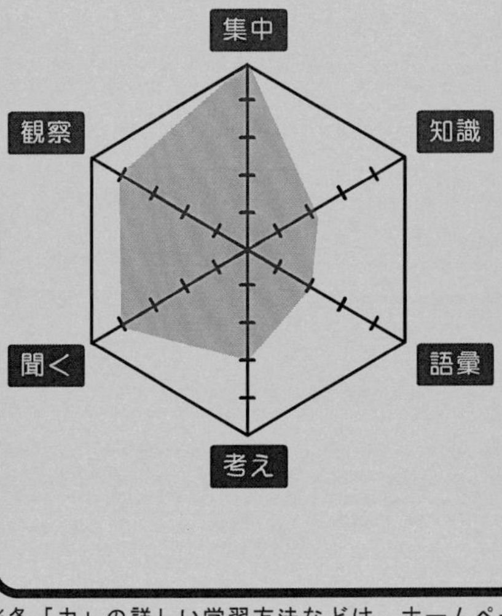

特に求められた力を集計し、左図にまとめました。
下図は各アイコンの説明です。

	アイコンの説明
集中	集　中　力…他のことに惑わされず1つのことに注意を向けて取り組む力
観察	観　察　力…2つのものの違いや詳細な部分に気付く力
聞く	聞　く　力…複雑な指示や長いお話を理解する力
考え	考える力…「～だから～だ」という思考ができる力
話す	話　す　力…自分の意志を伝え、人の意図を理解する力
語彙	語　彙　力…年齢相応の言葉を知っている力
創造	創　造　力…表現する力
公衆	公衆道徳…公衆場面におけるマナー、生活知識
知識	知　　　識…動植物、季節、一般常識の知識
協調	協　調　性…集団行動の中で、積極的かつ他人を思いやって行動する力

※各「力」の詳しい学習方法などは、ホームページに掲載してありますのでご覧ください。http://www.nichigaku.jp

目指せ！合格！ 家庭学習ガイド
名進研小学校

入試情報

出題形態：ペーパー・ノンペーパー
面接：志願者・保護者
出題領域：ペーパーテスト（お話の記憶・図形・数量・推理・言語・常識）、運動テスト、行動観察、巧緻性

受験にあたって

当校の入学試験では、開校以来一貫して、ペーパーテスト・運動・行動観察・巧緻性の課題が行われています。試験時間は合計で約3時間ですから、長時間試験に対応できる集中力が求められます。

ペーパーテストはお話の記憶・図形・数量・推理・言語・常識の分野から出題されました。例年通りの出題分野ですから、しっかりと対策をとっておきましょう。当校の特徴としては、基礎レベルの問題内容ですが、解答する際にさまざまな色のクーピーペンを使用して解答するというところです。ですから、問題内容だけでなく最後までしっかりと聞くようにしましょう。日頃の学習でも、さまざまな色のクーピーペンを使用して解答させるなどの練習もしておきましょう。

運動テストは、運動そのものは難しくありませんが、指示が複雑です。指示を上手く聞き取れないと混乱してしまう可能性があります。指示をよく聞いて、何をすればいいのか理解してから取り組むことが大切です。

行動観察は例年通り、ほかの志願者と協力する必要があるため、グループ内での話し合いや一般的なマナーなど、基本的なコミュニケーションが求められます。日頃から積極的に他者と関わり、関係を築く姿勢を身に付けておくとよいでしょう。

必要とされる力　ベスト6

チャートで早わかり！

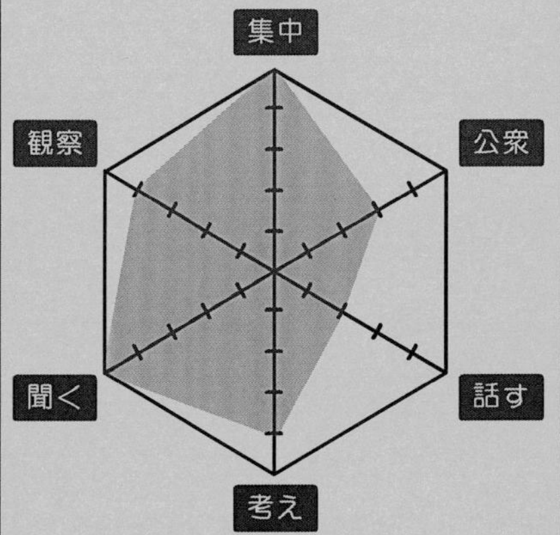

特に求められた力を集計し、左図にまとめました。
下図は各アイコンの説明です。

	アイコンの説明
集中	集中力…他のことに惑わされず1つのことに注意を向けて取り組む力
観察	観察力…2つのものの違いや詳細な部分に気付く力
聞く	聞く力…複雑な指示や長いお話を理解する力
考え	考える力…「～だから～だ」という思考ができる力
話す	話す力…自分の意志を伝え、人の意図を理解する力
語彙	語彙力…年齢相応の言葉を知っている力
創造	創造力…表現する力
公衆	公衆道徳…公衆場面におけるマナー、生活知識
知識	知識…動植物、季節、一般常識の知識
協調	協調性…集団行動の中で、積極的かつ他人を思いやって行動する力

※各「力」の詳しい学習方法などは、ホームページに掲載してありますのでご覧ください。http://www.nichigaku.jp

愛知県版
私立小学校
過去問題集

〈はじめに〉

現在、少子化が叫ばれているにもかかわらず、国立・私立小学校の入学試験には一定の応募者があります。入試は、ただやみくもに学習するだけでは成果を得ることはできません。志望校の過去における出題傾向を研究・把握した上で、練習を進めていくこと、その上で試験までに志願者の不得意分野を克服していくことが必須条件です。そこで、本問題集は小学校を受験される方々に、志望校の出題傾向をより詳しく知って頂くために、過去に遡り出題頻度の高い問題を結集いたしました。最新のデータを含む精選された過去問題集で実力をお付けください。

また、志望校の選択には弊社発行の「2021年度版 近畿圏・愛知県 国立・私立小学校 進学のてびき」をぜひ参考になさってください。

〈本書ご使用方法〉

◆出題者は出題前に一度問題を通読し、出題内容などを把握した上で、〈 準 備 〉の欄に表記してあるものを用意してから始めてください。

◆お子さまに絵の頁を渡し、出題者が問題文を読む形式で出題してください。ただし、問題を読んだ後で絵の頁を渡す問題もありますのでご注意ください。

◆「分野」は、問題の分野を表しています。弊社の問題集の分野に対応していますので、復習の際の目安にお役立てください。

◆一部の描画や工作、常識等の問題については、解答が省略されているものがあります。お子さまの答えが成り立つか、出題者が各自でご判断ください。

◆〈 時 間 〉につきましては、目安とお考えください。

◆学習のポイントは、指導の際にご参考にしてください。

◆【おすすめ問題集】は各問題の基礎力養成や実力アップにご使用ください。

〈本書ご使用にあたっての注意点〉

◆文中に **この問題の絵は縦に使用してください。** と記載してある問題の絵は縦にしてお使いください。

◆〈 準 備 〉の欄で、クレヨンと表記してある場合は12色程度のものを、画用紙と表記してある場合は白い画用紙をご用意ください。

◆文中に **この問題の絵はありません。** と記載してある問題には絵の頁がありませんので、ご注意ください。尚、問題の絵の右上にある番号が連番でなくても、中央下の頁番号が連番の場合は落丁ではありません。

下記一覧表の●がついている問題は絵がありません。

問題1	問題2	問題3	問題4	問題5	問題6	問題7	問題8	問題9	問題10
							●	●	
問題11	問題12	問題13	問題14	問題15	問題16	問題17	問題18	問題19	問題20
●	●	●		●					
問題21	問題22	問題23	問題24	問題25	問題26	問題27	問題28	問題29	問題30
							●	●	●
問題31	問題32	問題33	問題34	問題35	問題36	問題37	問題38	問題39	問題40
					●	●		●	

◎学習効果を上げるため、前掲の「家庭学習ガイド」をお読みになり、各校が実施する入試の出題傾向をよく把握した上で問題に取り組んでください。

※冒頭の「本書ご使用方法」「ご使用にあたっての注意点」も併せてご覧ください。

〈南山大学附属小学校〉

2020年度の最新問題

問題１　分野：お話の記憶

集中　聞く

〈準 備〉　鉛筆

〈問 題〉　お話を聞いてから、次の質問に答えてください。
ケンタくんはお友だちといっしょに公園で遊びました。夕方になってから、頼まれたおつかいを思い出し、八百屋さんに向かいました。八百屋さんでジャガイモを２個、ブロッコリーを３個買いました。次に、お肉屋さんへ向かいました。お肉屋さんへ向かう途中でかわいいネコを見かけました。お肉屋さんでお肉を買って家に帰ると、お母さんが家の前で心配そうに待っていました。

（問題１－１の絵を渡す）
①２番目に行ったのは何屋さんですか。○をつけてください。
②八百屋さんで買った野菜の数を合わせるといくつになりますか。その数だけ○を書いてください。
③ケンタくんがお買い物の途中で見かけた動物は何ですか。○をつけてください。

みなみさんがお姉さんを起こして、いっしょに食卓へ向かうと、お父さんが新聞を読んでいました。今日は家族みんなでピクニックへ行く日です。お母さんの手作りのお弁当を持って、お父さんが車を運転して牧場へ向かいました。到着して遊んでいたら、お昼の時間になりました。お母さんが家族全員の好きなものをお弁当に入れてくれていました。みなみさんはおにぎり、お姉さんは卵焼き、お父さんはエビフライ、お母さんはウインナーです。みんながおいしいと言ったので、お母さんは大喜びです。

（問題１－２の絵を渡す）
④みなみさんの家族は何に乗って牧場へ向かいましたか。○をつけてください。
⑤みなみさんの家族は何人ですか。その数だけ○をつけてください。
⑥みなみさんの好きなものに○をつけてください。

〈時 間〉　各20秒

〈解 答〉　①右から２番目（お肉屋さん）　②○：５　③左から２番目（ネコ）
④右端（車）　⑤○：４　⑥左端（おにぎり）

［2020年度出題］

学習のポイント

当校のお話の記憶では、男児・女児問わず、例年200字ほどの短いお話が出題されています。当校のお話の特徴は、違うお話が２つ出題されていることとそれらのお話の展開がよく変わるということです。一般的にこの字数のお話だと１つの場面だけでお話が完結する場合がほとんどですが、ここでは２転３転とお話が展開します。そして設問についても、それぞれの展開の内容について聞かれていることがほとんどなので、１つひとつの展開を逃さないようにお話を聞き取る必要があります。そのためにはお話の場面をイメージして聞き取ることが解くためのポイントとなります。お話をイメージすることは、言葉を１つひとつ記憶するよりも記憶しやすいからです。ですから、日頃の学習で読み聞かせをする場合、お話の途中や後で保護者の方はお子さまに質問をしてください。お子さまは質問に答えるためにお話を思い出そうとします。この動作を繰り返し行っていけば、自然とお話をイメージすることができるようになります。

【おすすめ問題集】

１話５分の読み聞かせお話集①②、お話の記憶 初級編・中級編

問題２ 分野：図形（回転図形）

観察 考え

〈準備〉 鉛筆

〈問題〉 黒い矢印に沿って図形が回転する場合、右端の図形のどの位置に黒丸が入るでしょうか。正しい位置に黒丸を書いてください。

〈時間〉 １分

〈解答〉 下記参照

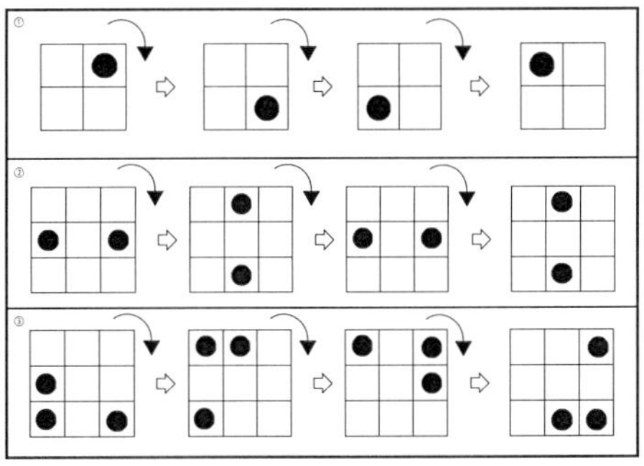

［2020年度出題］

家庭学習のコツ①　「先輩ママのアドバイス」を読みましょう！

本書冒頭の「先輩ママのアドバイス」には、実際に試験を経験された方の貴重なお話が掲載されています。対策学習への取り組み方だけでなく、試験場の雰囲気や会場での過ごし方、お子さまの健康管理、家庭学習の方法など、さまざまなことがらについてのアドバイスもあります。先輩ママの体験談、アドバイスに学び、ステップアップを図りましょう！

学習のポイント

この問題は図形が回転する動きを予測して、正しい位置に印をつける問題です。小学校受験で言われる「回転する」とは、矢印の方向へ90度傾かせるという意味です。この問題の場合は矢印が図形の右上にあるので、「右に傾ける」が「回転する」ということになります。では①の問題を見てください。左端の図形を見ると、図形の特徴である印は右上のマスに書かれています。次の動きを見ると、それが右下へ移動していることがわかり、さらにその次の動きを見ると左下へ移動しています。これらの動きを踏まえれば、答えは左上に印をつけるということがわかります。実際に図形が回転する動きを見れば、もっとお子さまが問題を理解できると思うのでやってみてください。方法は、問題と同じ図形を紙に書いて、お子さまにその紙を回転させます。こうすると、ペーパー学習を何題も繰り返して理解するより早く「回転する」ことを理解できるようになります。

【おすすめ問題集】

Ｊｒ・ウォッチャー46「回転図形」

問題3　分野：図形（同図形探し）

観察　考え

〈準備〉　鉛筆

〈問題〉　上の図形と同じ図形を下の四角の中から見つけて○をつけてください。

〈時間〉　１分

〈解答〉　下記参照

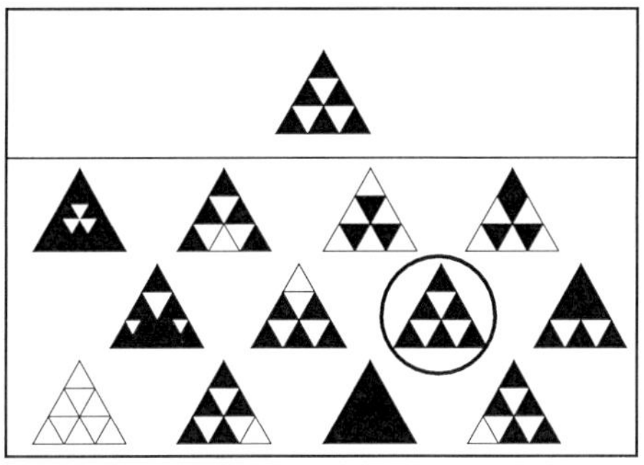

[2020年度出題]

学習のポイント

上の図形と同じ図形を下の選択肢の中から見つけ出す「同図形探し」の問題です。この年齢のお子さまであれば、「同じものを探す」と言えば問題の理解はできると思います。ですからそれほど難しい問題ではありません。ですが、この「同図形探し」の問題は選択肢の数が多いと、その分間違えやすくなります。この問題は選択肢の数が12個と多いので、そのようなミスを起こしやすいと言えるでしょう。そうしないために、一見して明らかに違う図形は見比べる対象から除外することから始めましょう。その時にポイントとなるのが、図形の特徴を把握することです。１つだけでも構いません。この問題で言うならば、「白の下三角形が３つ」を特徴とします。この特徴だけでも、選択肢を絞れることができ、あとはそれらと見本を見比べたらよいというわけです。

【おすすめ問題集】

Ｊｒ・ウォッチャー４「同図形探し」

問題4　分野：言語（しりとり）

語彙　考え

〈準備〉　鉛筆

〈問題〉　左側の絵から右側の絵へ、しりとりをしながら進みます。それぞれの列の絵の中から、正しいものを選んで○をつけてください。

〈時間〉　１分

〈解答〉　下図参照

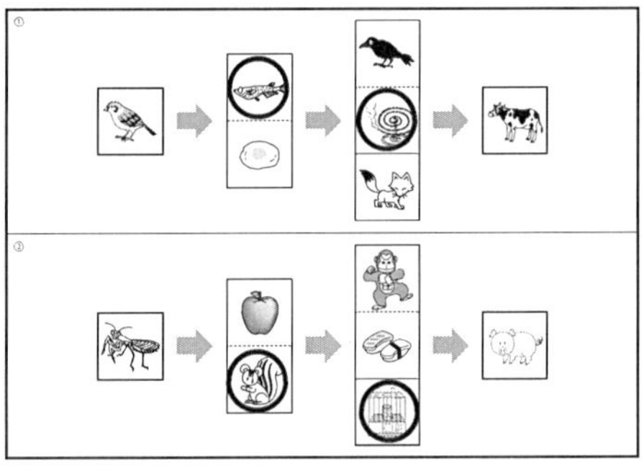

［2020年度出題］

学習のポイント

言語分野の問題では、年齢相応の語彙力と、言葉を音の集合として理解できているかが問われています。つまり、日常生活の中で必要とされる言葉を増やしてきたか、言葉を使った遊びなどを通して、言葉と積極的に関わってきたかどうかが観られていると言えます。ですので、机の上での学習をする必要はありません。日常生活や遊びの中で、語彙力を身に付けていくようにしましょう。その際、保護者の方や志願者の身近にいる方は、正式な名称を志願者に教えてあげましょう。地域特有の言い方、家庭内でしか伝わらない言い方などは試験では通用しません。

【おすすめ問題集】
Ｊｒ・ウォッチャー18「いろいろな言葉」、49「しりとり」、
60「言葉の音（おん）」

問題5　分野：推理（系列・迷路）

観察　考え

〈準備〉　鉛筆

〈問題〉　（問題５－１の絵を渡す）
①あるお約束にしたがって、絵が並んでいます。空いているところに当てはまる形を書いてください。
（問題５－２の絵を渡す）
②この迷路の左上の☆から★まで線をつないでください。その際、ヘビのいるところは通らないようにしてください。斜めにも進めません。

〈時間〉　各１分

〈解答〉　①下図参照　　②下図参照（解答例）

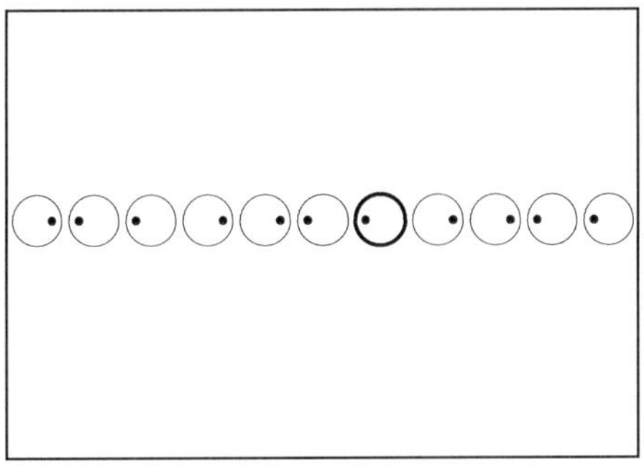

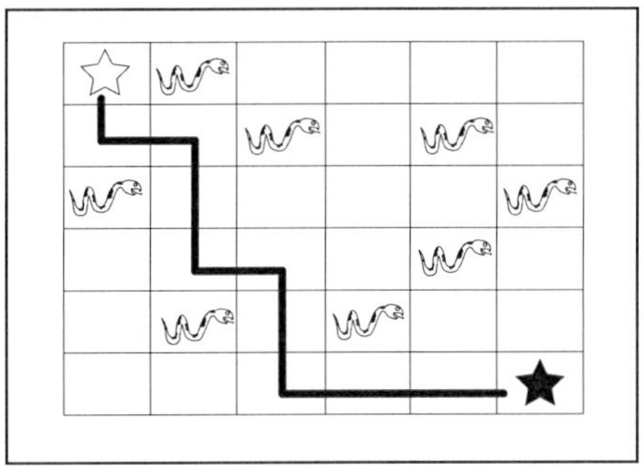

［2020年度出題］

家庭学習のコツ②　効果的な学習方法～問題集を通読する

過去問題集を始めるにあたり、いきなり問題に取り組んではいませんか？　それでは本書を有効活用しているとは言えません。まず、保護者の方が、すべてを一通り読み、当校の傾向、ポイント、問題のアドバイスを頭に入れてください。そうすることにより、保護者の方の指導力がアップします。また、日常生活のさまざまなことから、保護者の方自身が「作問」することができるようになっていきます。

学習のポイント

①の系列の問題では、記号がどのようなお約束で並んでいるのかを考えます。その際、連続した２つの記号の繰り返しに注目できると、お約束が見つけやすくなります。この問題の場合、〇の中の●は左寄りのものが２つ続くと、次に●が右寄りのものが２つ続くということがわかり、それらの組み合わせが連続していることから、「お約束」だとわかります。②は迷路の問題です。この時だけ消しゴムが机に置かれました。だからといって、線を何回も書き消せると思わずに、ていねいに１回できれいな線を引くように心掛けてください。というのも、消した痕跡のないきれいな線と痕跡のあるきれいな線のどちらかを選ぶとなった場合、誰もが前者を選ぶと思います。ですから消しゴムがあるから安心、ではなくそれに頼らないで１回で線を引くという集中力を身に付けておきましょう。

【おすすめ問題集】

Ｊｒ・ウォッチャー６「系列」、７「迷路」

問題６　分野：数量（数える、数の分配）

観察　集中

〈準備〉　鉛筆

〈問題〉　①四角の中で１番数が多いものはどれですか。右の四角の中から選んで○をつけてください。
②ネコにサカナを同じ数ずつ分けると、１人何匹ずつになりますか。右の四角にその数だけ○を書いてください。

〈時間〉　30秒

〈解答〉　①リンゴ　②○：３

［2020年度出題］

学習のポイント

①は１番数が多いくだものを見つける「数える」問題です。「数える」問題で間違えてしまうほとんどの原因は、数え忘れや重複して数えるというケアレスミスです。試験でそういったミスをしないように、日頃の学習から、「上から下へ」「左から右へ」というように順序を決めて、ものを数えるようにしていきましょう。②の問題は、絵に描かれているサカナをネコ１匹あたりの数が同じになるように分ける問題です。ネコが４匹いてサカナが12匹あるので、１匹あたりのサカナは３匹になります。小学校入学前のお子さまは入学後に学ぶ、数字を使った「わり算」で解くことはできませんから、このように絵を使って出題されます。数字を使えば効率よく問題を解くことができるように思えますが、お子さまが理解できなければ学習の意味はありません。理解を深めるという意味を込めて、おはじきなど実物を使った学習を行っていきましょう。例えば、サカナを青のおはじき、ネコを黄色のおはじきに置き換えます。そして、黄色のおはじきのところに青のおはじきを置いていくと、３つ置かれることがわかります。このような学習を日頃から行っていくと、お子さまは自然と理解するようになります。

【おすすめ問題集】

Ｊｒ・ウォッチャー14「数える」、40「数を分ける」

問題7　分野：常識（季節）

知識

〈準備〉　鉛筆

〈問題〉　左の太い○の行事から順番に行われる行事を線でつないでください。

〈時間〉　30秒

〈解答〉　下図参照

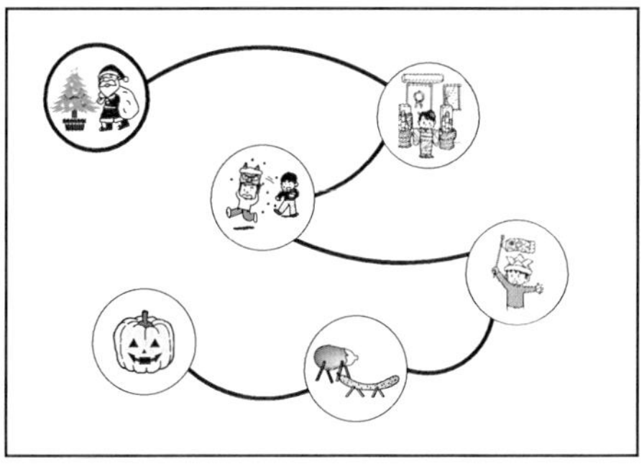

［2020年度出題］

学習のポイント

季節の行事に関する知識が問われている常識問題です。当校では季節以外にもマナー、理科などさまざまな分野から出題されます。どの分野が出題されても解けるように抜け目なく知識を習得していきましょう。最近では、知識を身に付ける方法は多種多様になりました。本や図鑑だけでなく、インターネットを使って、知らなかったものを知る機会が今まで以上に増えました。ですから、保護者の方はお子さまが知らないことが出てきたら、それらを駆使して、そのものに「触れる」経験をさせましょう。1度「触れておく」だけでも、「見たことがある」という自信につながっていき、知っているという意識にもなります。また、もっと知りたいというお子さまの好奇心もくすぐります。

【おすすめ問題集】

Ｊｒ・ウォッチャー11「いろいろな仲間」、12「日常生活」、27「理科」、34「季節」、55「理科②」

問題8　分野：行動観察（集団）

協調　集中

〈準備〉　①ボールプール・ダンボール・ボーリングのエリア、ドミノ・おはじき・コップタワーのエリアを作っておく
②ひも、ビニールテープ（大きな円を作っておく）

〈問題〉　**この問題の絵はありません。**

①（20人程度の2グループで行う）
（準備した2つのエリアにグループごとに入る）
音が鳴ったら、ここにあるものを使って、好きなように遊んでください。先生が笛を吹いたら遊びをやめて、今遊んだエリアとちがうエリアに行ってください。また音が鳴ったら、遊んでください。

②（20人程度の2グループで行う）
（ひもを児童に渡す）
今渡したひもをしっぽのようにつけてください。
今からしっぽ取りをします。
しっぽを多く取ったグループの勝ちです。
しっぽを取られた人は円から出てください。
音が鳴ったら、始めてください。先生が笛を吹いたらやめてください。

〈時間〉　10分

〈解答〉　省略

［2020年度出題］

学習のポイント

当校の行動観察では、月齢の近い20人程度の志願者で2つのグループ作って行われます。課題が始まる前に、「できるだけたくさんのお友だちと遊んでください」「2人組を作って、できるだけたくさんのゲームで遊びましょう」などの指示が、グループごとに出されていたようです。これらの指示から、ルールが理解できるか、お友だちと協力して遊べるか、という自分を制して楽しむことができるかなどが観点と考えられます。しかし、それは特に難しいことではありません。お友だちと遊ぶ時のルールを知っていて、それが当たり前にできればよいのです。お子さまがお友だちと遊んでいる時に、普通に遊べている程度で充分でしょう。もし、いっしょに遊ぶことが苦手なお子さまがいたら、「いっしょに遊ぼうよ」と声をかけられればなおよいです。

【おすすめ問題集】
新口頭試問・個別テスト問題集、新ノンペーパーテスト問題集
Ｊｒ・ウォッチャー29「行動観察」

問題9　分野：行動観察（集団）

協調　集中

〈準備〉　カード（くだもの、乗り物、スイーツなどさまざまなものが描かれている）

〈問題〉　**この問題の絵はありません。**
- １人５枚好きなものが描かれているカードを集めてください。
- 今集めたカードの中で、乗り物カードを持っている人は、くだものカードと交換してください。乗り物カードを持っていない人は好きなスイーツのカードに交換してください。
- 先生が「やめ」といったら、交換はやめてください。交換できるカードは１回の交換につき、１枚です。

〈時間〉　10分

〈解答〉　省略

［2020年度出題］

学習のポイント

ほかのお友だちとカードを交換していく「行動観察」の課題です。前問同様に、ルールを守ること、お友だちと協力して遊べるかどうかが観られています。この課題では、ほかのお友だちと直接カードを交換しないといけないので、前問以上にほかのお友だちとのコミュニケーションが大切となってきます。コミュニケーション能力に優れているお子さまであれば、苦手そうなお子さまに声をかけてあげるという配慮ができると評価は高いでしょう。苦手なお子さまであれば、声をかける努力はしましょう。いきなり試験でできるものではないと思うので、お子さまが人見知りだと思う保護者の方は、公園などで見知らぬお友だちと遊ぶなどの対策をとって慣れさせましょう。

【おすすめ問題集】

新口頭試問・個別テスト問題集、新ノンペーパーテスト問題集

Ｊｒ・ウォッチャー29「行動観察」

問題10　分野：口頭試問（巧緻性・お話作り）　考え　話す

〈準 備〉　折り紙

〈問 題〉　①先生が今から折り紙を折るので、先生と同じように折ってください。
②絵を見てください。今から先生がこの絵を見てお話を作ります。先生がお話した後、続けてお話を作ってください。
先生「やっと遊園地に着いたね、何して遊ぼうか？」
志願者が答える
先生「そっか、じゃあ先にそれに乗ろうね。…面白かったね、あ、雨が降ってきた。傘忘れちゃったんだ」
志願者が答える
③今から質問をするので答えてください。
「朝ごはんに何を食べましたか」
「朝にすることを３つ教えてください」
「今日の朝は何をして遊びましたか」
「好きな食べものは何ですか」
「好きなものは何ですか」

〈時 間〉　各２分

〈解答例〉　省略
※保護者の方から見て納得できる理由があれば正解としてください。

［2020年度出題］

学習のポイント

折り紙を折ったり、先生とお話を作ったり、個別面接のように質問を答えたりとさまざまな分野が一括にされている口頭試問の課題です。この課題で観られているのは、前問同様にほかの人とコミュニケーションができるかどうかです。ただ前問と違うところは、相手が大人だということです。年の離れた大人に対して、どのような振る舞いやコミュニケーションを行うかが観られていると思ってください。年齢が近いお友だちとは違って、ていねいな言葉遣いや振る舞いが大切になってきます。質問をされたら「～です、ます」と答えることは一般的なマナーとしてできるようにしておきましょう。日頃よく利用する交通機関（バス、タクシーなど）の運転手に「お願いします」「ありがとうございます」と言うこともその対策になります。

【おすすめ問題集】
Ｊｒ・ウォッチャー21「お話作り」、新口頭試問・個別テスト問題集

問題11　分野：巧緻性

集中

〈準備〉　ダイズ、輪ゴム、箸、マメ、ボール（ピンポン玉サイズ、やわらかいもの）、消しゴム、マカロニ、ハート形のキーホルダーを紙皿の上に置く。紙皿は２枚用意して、もう１枚は準備物を入れた紙皿の左に置いておく。

〈問題〉　**この問題の絵はありません。**
（用意したものを紙皿の上に置く）
紙皿の上のものを、箸を使って、隣の紙皿へ移してください。

〈時間〉　適宜

〈解答〉　省略

［2020年度出題］

学習のポイント

紙皿に載せられたさまざまな形や素材のものを、箸を使って、別の紙皿へ移す「箸使い」の課題です。当校では、例年「箸使い」の作業を扱った巧緻性の課題が出題されていることが多いので、箸使いは必ずできるように対策をとっておきましょう。とはいえ、家とはまったく異なった雰囲気で行われる試験会場なので、いつもできていることができないということは充分にありえます。できないからといって、諦める、ふてくされるという行動はやめましょう。そういったところも観られていると考え、失敗しても、動じず、集中して課題に取り組めるようにしましょう。

【おすすめ問題集】
　Ｊｒ・ウォッチャー25「生活巧緻性」

問題12　分野：面接（保護者・志願者）

聞く　話す

〈準備〉　なし

〈問題〉　**この問題の絵はありません。**

【両親へ】
・志望理由をお聞かせください。
・併願校について教えてください。
・ローマ教皇が来日されました、印象に残ったことをお聞かせください。
・最近、お子さまがうれしそうにしていたことは何ですか。

【父親へ】
・お子さまの成長を感じたのはいつですか。
・ご自身がされているお仕事を通して、お子さまにどのようなことを伝えたいですか。

【母親へ】
・ご家庭でのお仕事を通して、お子さまにどのようなことを伝えたいですか。

【お子さまへ】
・お名前を教えてください。
・お父さんとお母さんの名前を教えてください。
・今日はどのようにして来ましたか。
・お父さんのお仕事ですごいなと思うことはどんなことですか。
・最近、お父さんやお母さんに褒められたことはどんなことですか。
・好きな絵本はありますか。誰が読んでくれますか。いつ読んでくれますか。

〈時間〉　約15分

〈解答〉　省略

［2020年度出題］

学習のポイント

面接は１次試験の合格者のみに行われます。例年、１日目は女子、２日目は男子の面接が行われます。面接は、保護者２名と志願者１名に対し、面接官が３人、もしくは４人で対応する形式で行われます。保護者への質問は、父母どちらが答えてもよいとされています。上記の質問はあくまでも一例であり、実際の質問は願書への記入内容や家族構成に応じて変化するようです。また、質問に対する回答や反応を見て、話を詳しく掘り下げていくケースが多く観られます。15分間の中でかなりの量の質問がされますが、聞かれていることはシンプルです。そこから考えると、当校の面接は、いわゆる模範解答や突飛な発想の回答を求めているわけではなく、保護者の方の人となりを見て、入学させるにふさわしい家庭かどうか判断しているのでしょう。入学させるにふさわしい家庭とは、すなわち、お子さまのことを学校に任せきりにせず、しっかり観ている家庭だと考えられます。なぜなら、家庭でのお子さまの様子や、保護者の方とお子さまの関わり方に関する質問が多いからです。お子さまとの関わりについて、何を質問されても大丈夫だと思えるぐらい、お子さまとの関わりを大切にしてください。もしも不安な点があっても、今のうちに改善すれば、面接で胸を張って回答できるでしょう。

【おすすめ問題集】
新 口頭試問・個別テスト問題集、面接テスト問題集

問題13　分野：行動観察（集団）

協調　集中

〈準備〉　だるま落し、けん玉、コマ、お手玉、的当て、なわとび、フラフープ

〈問題〉　この問題の絵はありません。
（この課題は、20人程度のグループで行う）
（あらかじめ準備したおもちゃを並べる）ここにあるものを使って、好きなように遊んでください。先生が笛を吹いたら遊びをやめて、はじめにいた場所に戻ってください。

〈時間〉　10分

〈解答〉　省略

［2019年度出題］

学習のポイント

当校の行動観察では、月齢の近い20人程度の志願者で２つのグループ作って行われます。課題が始まる前に、「できるだけたくさんのお友だちと遊んでください」「２人組を作って、できるだけたくさんのゲームで遊びましょう」などの指示が、グループごとに出されていたようです。これらの指示から、ルールが理解できるか、お友だちと協力して遊べるか、ある程度自分を制して楽しむことができるかなどが観点と考えられます。しかし、それは特に難しいことではありません。お友だちと遊ぶ時のルールを知っていて、それがあたりまえにできればよいのです。お子さまがお友だちと遊んでいる時に、ふつうに遊べている程度で充分でしょう。もし、いっしょに遊ぶことが苦手なお子さまがいたら、「いっしょに遊ぼうよ」と声をかけられればなおよいです。

【おすすめ問題集】
新口頭試問・個別テスト問題集、新ノンペーパーテスト問題集
Ｊｒ・ウォッチャー29「行動観察」

問題14　分野：運動

聞く　集中

〈準 備〉　平均台、跳び箱（４台）、マット（２枚）、ハードル（３台）、コーン（９個）、ひも（３本）

〈問 題〉　**この問題は絵を参考にしてください。**

（この課題は、20人程度のグループで行う。絵のように、準備した道具をあらかじめ配置しておく）

これからみなさんに運動をしてもらいます。最初に私（出題者）がお手本を見せますので、その通りにやってください。

①平均台の上を、歩いて渡ってください。

②並んでいる跳び箱の上を、順番に跳んでください。

③マットの上で、前転と後転を１回ずつしてください。

④障害物競争をします。マットのところからスタートして、コーンの間をジグザグに走ります。次にハードルの棒を跳び越えます。その次にひもの下をくぐります。向こうにいる先生にタッチしたらゴールです。

〈時 間〉　適宜

〈解 答〉　省略

［2019年度出題］

学習のポイント

過去２年間行われていなかったサーキット運動が、本年度は出題されました。課題の項目がやや多く、ジグザグに置かれた跳び箱を跳んだり、緩やかな斜面の上にマットが置かれていたりと、過去の課題と同様に難度の高いものとなっています。しかし、難しい運動を上手にできるかどうかということよりは、指示通りに行動できるか、できないことにも取り組もうとする姿勢があるかという点が観られていると言えるでしょう。このような課題では、実際の試験を模した練習はなかなかできません。例えば、公園で遊ぶ時に、簡単なルールを盛り込んだり、ケンパやボール投げを織り交ぜたミニサーキットのようにしたりと、指示通りに動く練習をする程度で充分です。試験が近くなってきたら、「待っている時は正しい姿勢」「指先を伸ばす」など、細かな行動にまで気を配れるとよいでしょう。

【おすすめ問題集】

新運動テスト問題集、Ｊｒ・ウォッチャー28「運動」

問題15　分野：生活巧緻性　聞く　集中

〈準 備〉　スモック、水の入ったペットボトル、紙コップ（３個）、布巾（１枚）
折り紙（３色、各２枚）、洗濯バサミ、ファスナー付きの袋、箸、マメ、
紙皿、パターンブロック、パズル

〈問 題〉　**この問題の絵はありません。**

①（スモックを渡す）スモックを着て、ボタンを留めてください。
②ペットボトルの水を、３個の紙コップに同じ量になるように注いでください。水をこぼした時は、布巾でふいてください。
③３枚の折り紙を、それぞれ２回折ります。折った紙を洗濯バサミで綴じてから、ビニール袋に入れてください。
④（用意したマメを紙皿の上に置く）紙皿の上のマメを、赤い紙の上に２個、黄色い紙の上に３個、青い紙の上に５個、箸でつかんで移動させてください。
⑤パターンブロックを使って、カニを作ってください。
⑥パズルが途中までできています。このパズルを完成させてください。
⑦スモックを脱いで、きれいにイスにかけてください。

〈時 間〉　適宜

〈解 答〉　省略

［2019年度出題］

学習のポイント

本課題では、ふだんの生活の中で必要な作業や、手先を使った細かい作業を、ていねいに取り組めるかどうかが観られています。スモックの着脱や水注ぎ、箸使いは、小学校に進む前に確実にできるようにしておいてください。また、折り紙やパズルの課題は、一見しただけでできる程度のものです。例えば折り紙の端を揃えて折るなどのように、きれいな仕上がりを意識して行うようにしてください。このような課題は、小学校進学前のお子さまであっても、それほど難しいものではありません。しかし、長時間にわたる試験の中で、上手にできた、きれいに仕上げられたという手ごたえを持って、次の課題に取り組めることは大切なことです。ふだんの練習では、上手にできる作業はていねいに、上手くできない作業は確実にできるようになることを目標にするとよいでしょう。

【おすすめ問題集】
　Ｊｒ・ウォッチャー25「生活巧緻性」

問題16　分野：お話の記憶

聞く　集中

〈準備〉　鉛筆

〈問題〉　お話を聞いてから、次の質問に答えてください。
今日はお母さんの誕生日です。お姉さんはタマネギとニンジンとマグロのお刺身を、弟はケーキを４つ買いに行きました。家からまっすぐ歩いて、学校のところで曲がり、最初に魚屋へ行きました。しかし、マグロのお刺身は売り切れていました。次に八百屋へ行き、タマネギとニンジンを買いました。弟はケーキ屋で、ケーキを４つ買いました。帰り道にイチョウの葉がたくさん落ちていたので、拾って帰りました。お母さんにイチョウの葉をプレゼントすると、とてもよろこんでくれました。
（問題16の絵を渡す）
①２人が通ったところの絵を順番に並べた時、４番目になる絵に○をつけてください。
②お姉さんと弟が買ったものに、○をつけてください。
③お話の季節と同じものに、○をつけてください。

〈時間〉　各20秒

〈解答〉　①左から２番目　②左端、左から２番目、右から２番目　③左から３番目

［2019年度出題］

学習のポイント

当校のお話の記憶では、例年やや短めのお話が扱われています。しかし、お話の中で覚えなければいけない項目は多いので、情報を整理しながら聞き取ることが大切です。本問は、買い物や道順に関するお話です。このようなお話の場合、主人公がどこへ行ったのか、そこで何を買ったのかなどをとらえることがポイントです。学校、魚屋、八百屋、ケーキ屋といったの目印となる場所を順番に覚えて、その上で、それぞれの場所で何をした（買った、見た）のかも、あわせて覚えるようにするとよいでしょう。また、お話の季節に関する質問があることも、当校の問題の特徴の１つです。お話の中で植物や虫の名前などが出てきた時には、お話の季節のヒントになる言葉として、確実に覚えるようにしてください。本問では、お話の最後にイチョウの葉を拾う場面があります。イチョウの落葉は、モミジ（カエデ）とともに、秋を代表するものとして知られています。

【おすすめ問題集】
１話５分の読み聞かせお話集①②、お話の記憶 初級編・中級編、
Ｊｒ・ウォッチャー19「お話の記憶」、34「季節」

問題17　分野：図形（点図形）

観察　考え

〈準備〉　鉛筆

〈問題〉　（問題17-1の絵を渡す）
この絵を覚えてください。
（30秒後、問題17-１の絵を伏せ、問題17-２の絵を渡す）
今覚えた形を、書いてください。

〈時間〉　１分

〈解答〉　省略

［2019年度出題］

学習のポイント

点図形の問題です。お手本の絵は大きくシンプルな形なので、一見簡単そうに見えます。しかし、１本１本の線が長くなってしまうため、線を歪まずに引くこと、特に斜めの線を引くことが難しくなっています。直線を一息に引くことや、手で死角を作らないようにして引くことなど、実際の練習を通してコツをつかむようにしてください。本問では、お手本を記憶してから作業をしなければいけない点が、課題をさらに難しくしています。形を覚える時には、まず形全体を覚えてから細かい特徴に目を向けるようにします。例えば本問の場合、三角形が３つあり、左から順に縦の辺と横の辺の長さが、それぞれ１マスずつ短くなっていることを把握します。その上で、左端の三角形の縦は６マス、横は３マスと言うことが覚えられれば充分でしょう。もし、上手く形が覚えられないようならば、シンプルな形を使って、全体像と特徴を覚える練習をしてください。また、このような課題では、実際に取り組んでみることで、その難しさが理解できたり、コツがつかめたりするものです。保護者の方が課題に取り組んだ時に気が付いたポイントを、お子さまにしっかりと伝えてあげるようにしてください。

【おすすめ問題集】

Ｊｒ・ウォッチャー１「点・線図形」、20「見る記憶・聴く記憶」

問題18　分野：図形（重ね図形）

観察　考え

〈準備〉　鉛筆

〈問題〉　①（問題18-1の絵を渡す）それぞれの段の左側の2枚の絵は、透明なシートに書かれています。これらの絵を重ねると、どのように見えますか。右側の絵から選んで○をつけてください。
②（問題18-2の絵を渡す）左側の絵は透明なシートに書かれています。この絵を、真ん中の点線で左から右に折った時、どのように見えますか。右側の絵から選んで○をつけてください。

〈時間〉　各1分

〈解答〉　下図参照

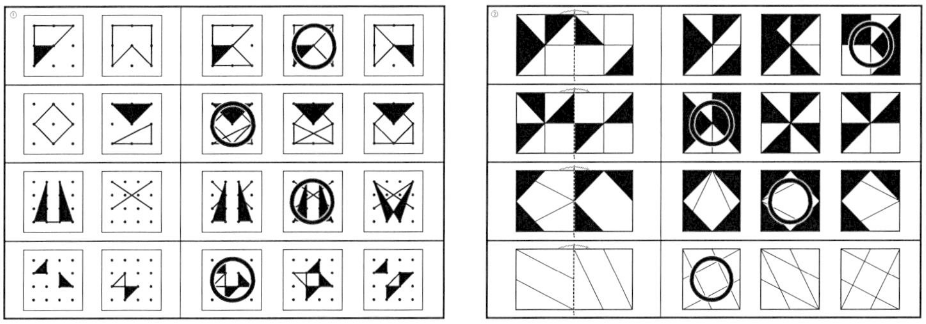

［2019年度出題］

学習のポイント

本問は、透明なシートに書かれた2枚の絵を重ねる問題です。紛らわしい形が多いので、細部まで目を配って観察することを心がけてください。本問の基本的な解き方は、左側の2枚の絵を重ねた時の形を思い浮かべて、その形と同じものを右側の選択肢から見つけ、ほかの選択肢が間違っていることを確認するという流れです。その際に、それぞれの図形の特徴的な部分に注目すると、判断がしやすくなります。まずは、基本的な解き方を通して、図形の観察の仕方や、問題の考え方、答えの選び方などを身に付けてください。また、この問題には、右側の絵と同じ形があるものを見つけた後に、その中から左側の形が同じもの（あるいは反転させたもの）を選ぶ解き方もあります。このような解き方は、図形の基本的な見方、考え方が身に付いたお子さまにとっては効果的な方法と言えます。基本的な解き方ができるようになった後で、必要に応じて指導するようにしてください。

【おすすめ問題集】

Ｊｒ・ウォッチャー８「対称」、35「重ね図形」

問題19　分野：言語（しりとり）

語彙　考え

〈準　備〉　鉛筆

〈問　題〉　左側の絵から右側の絵へ、しりとりをしながら進みます。それぞれの列の絵の中から、正しいものを選んで○をつけてください。

〈時　間〉　１分

〈解　答〉　下図参照

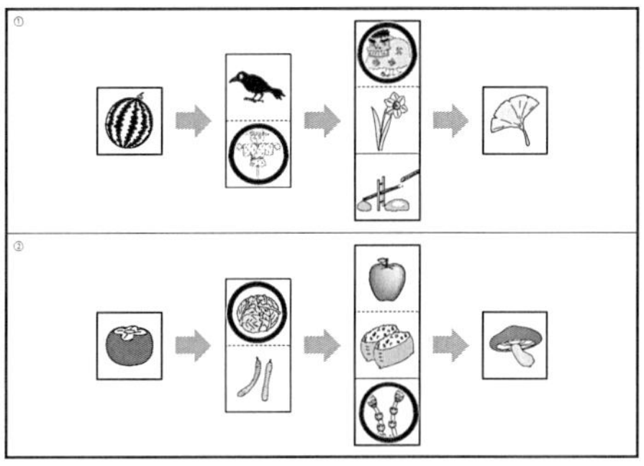

［2019年度出題］

学習のポイント

言語分野の問題では、年齢相応の語彙力と、言葉を音の集合として理解できているかが問われています。つまり、日常生活の中で必要とされる言葉を増やしてきたか、言葉を使った遊びなどを通して、言葉と積極的に関わってきたかどうかが観られていると言えます。しりとりの問題では、日常でのしりとり遊びのように単に言葉を続ければよいのではなく、その先の言葉とつなげられる言葉を探さなくてはいけません。本問には、「カラス」と「カカシ」のように、同じ音で始まる言葉が並んでいます。当校の問題では、そのような点に注意して言葉を選ぶこととともに、豊富な語彙力も求められています。例えば、本問上段の選択肢の中にある「ししおどし」のように、現代の生活では目に触れることの少ないものは、語彙力を観るための選択肢と言えるでしょう。このようなものの名称や性質については、まとめて学習することは難しいものです。目にした時すぐに覚えるようにするようにしてください。また、近年の小学校入試では、イラストと写真を併用する学校が増えてきています。どちらを見てもその名称がわかるように、ものの特徴を言葉にしながら学習することも大切です。

【おすすめ問題集】

Ｊｒ・ウォッチャー18「いろいろな言葉」、49「しりとり」、
60「言葉の音（おん）」

問題20　分野：推理（シーソー）

観察　考え

〈準 備〉　鉛筆

〈問 題〉　シーソーでくだものの重さを比べました。１番軽いものはどれですか。下から選んで、○をつけてください。

〈時 間〉　30秒

〈解 答〉　左端（サクランボ）

［2019年度出題］

学習のポイント

シーソーにものを載せると、軽いものはいつも上にあがります。このことに注意して、１つひとつのシーソーを見比べると、それぞれのものの重さの関係がわかります。このように、推理分野の問題では、１．よく観察し、２．そこから考えるという２つのステップを踏んで解答していきます。また、「よく観察する」と簡単に言いますが、具体的には、「１つの絵を見て、１つ判断をする」ということです。例えば左上のシーソーならば、「サクランボはミカンよりも軽い」となります。判断したことが２～３つ重なると、答えの道筋が自然と見えてきます。これが「推理する」ということです。お子さまに「よく見なさい」と声をかける時は、具体的にどうするのかを伝えるようにしてみましょう。ちなみに、本問で扱ったくだものの重さは、軽い順にサクランボ＜ミカン＜パイナップルと、サクランボ＜バナナ＜ブドウとなっています。ミカンとバナナ（パイナップルとブドウ）のどちらが重いかはわかりませんが、ともにサクランボより重いということは判断できます。

【おすすめ問題集】

Ｊｒ・ウォッチャー31「推理思考」、33「シーソー」

◎学習効果を上げるため、前掲の「家庭学習ガイド」をお読みになり、各校が実施する入試の出題傾向をよく把握した上で問題に取り組んでください。

※冒頭の「本書ご使用方法」「ご使用にあたっての注意点」も併せてご覧ください。

〈名進研小学校〉

2020年度の最新問題

問題21　分野：お話の記憶　　聞く　集中

〈準　備〉　鉛筆、クーピーペン（６色）

〈問　題〉　牧場でウマが「お花畑までかけっこをしよう」と言いました。ウシは「ぼくは走らないで、みんなを応援するよ」と言いました。ウシの「よーいドン」のかけ声で、ウサギ・トラ・ウマ・ネズミが一斉に走り出しました。走り始めた時は、１番がウマ、２番がトラ、３番がウサギ、４番がネズミでした。しかし、途中で池があり、ウサギとネズミはピョンピョンと飛び越えて渡ったので、順番が入れ替わり、１番がウサギ、２番がネズミ、３番がウマ、４番がトラになりました。遠回りの道を走っていたウマは「ずるいな」と言い、頑張ってネズミを抜かし、２番になりました。その後、走っている途中にニンジン畑を見つけたウサギとウマはおなかが空いてきてしまいました。一旦走るのをやめてウサギは３本、ウマは５本ニンジンを食べました。その間にネズミとトラがウサギとウマを追い抜きました。そしてトラがネズミを抜いてゴールをしました。ネズミもトラの後すぐにゴールしました。ウサギはウマよりも先にニンジン畑を後にしたので、ウサギが次にゴールし、最後にゴールしたのはウマでした。ゴールのお花畑には、スミレがたくさん咲いていました。

①ウサギは何本のニンジンを食べましたか、その数に○をつけてください。
②スミレの色は何色ですか。四角の中の○にその色を塗ってください。
③「かけっこをしよう」と言ったのは誰ですか、○をつけてください。
④最初にゴールしたのは誰ですか、○をつけてください。

〈時　間〉　各15秒

〈解　答〉　①○：３　②○：紫　③右から２番目（ウマ）　④左から２番目（トラ）

[2020年度出題]

学習のポイント

当校のお話の記憶の問題は、400字程度と一般的な小学校受験のお話よりは短いお話が例年出題されています。設問の特徴としては、お話に出てきたものの色を聞かれるということです。ですから、お話を聞き取る時に、色が出てきたら、その色が何なのか、という細かいところまで聞き取る必要がありますが、聞き取り方を工夫すればそこまで難しいものではありません。その工夫の１つにお話をイメージするという方法があります。保護者の方はふだんの読み聞かせの後や途中で、お子さまに質問をしてみてください。お子さまはその質問に答えようと頭の中でお話を思い出そうとします。これを繰り返し行っていけば、この問題のようなペーパー学習でお話を聞き取る場合でも、イメージすることでお話の記憶が残りやすくなるでしょう。

【おすすめ問題集】

１話５分の読み聞かせお話集①②、　お話の記憶 初級編・中級編、
Ｊｒ・ウォッチャー19「お話の記憶」、34「季節」

問題22　分野：図形（点線図形、四方からの観察）

観察　集中

〈準 備〉　クーピーペン（黒）

〈問 題〉　（問題22-１の絵を渡す）
①②左のお手本を見て、同じように右側に書き写してください。
（問題22-２の絵を渡す）
③④左の四角を上から見た形はどれですか。正しいものに○をつけてください。

〈時 間〉　各２分

〈解 答〉　①②省略　③左下　④左下

［2020年度出題］

学習のポイント

①の問題は「点線図形」です。左のお手本を見ながら、その通りに線を引いていくという問題なので、それほど難しい問題ではありません。どの志願者も線を引き間違えるということはほとんどありませんから、この問題でほかの志願者と差をつけるには、線をていねいに引けるかどうかがポイントとなります。縦や横だけでなく、斜めに線を引いたり、クーピーペンで線を引いたり、と訓練したらある程度向上できるところもありますので、繰り返し類題を取り組んでいきましょう。②の問題は上から見た状態の図形を見つける「四方からの観察」です。イラストに描かれていない視点からどのように見えるか答えることは、保護者の方が思ってる以上にお子さまにとって難しいと言えます。なぜ難しいのか考えていくと、実際にその経験をしていないため、頭の中でイメージがつきにくいということがほとんどです。ですから、１度でいいので、実際に実物を使って見てみるという経験をお子さまにさせましょう。問題と同じように積み木を積んで、さまざまな視点から見てください。見え方によって、積み木が隠れてしまうという発見など理解できると思います。こういった発見をすることで、次にペーパー学習で類題に取り組んだ場合もそれが活かされ、問題が解けるようになります。

【おすすめ問題集】

Ｊｒ・ウォッチャー１「点・線図形」、51「運筆①」、52「運筆②」、53「四方からの観察　積み木編」

問題23　分野：数量（数える）

観察　集中

〈準備〉　鉛筆

〈問題〉　左の形を作るためには、積み木がいくつ必要でしょうか。その数だけ右の四角に○を書いてください。

〈時間〉　各30秒

〈解答〉　①○：８　②○：７　③○：10　④○：11

［2020年度出題］

家庭学習のコツ③　効果的な学習方法～お子さまの今の実力を知る

１年分の問題を解き終えた後、「家庭学習ガイド」に掲載されているレーダーチャートを参考に、目標への到達度をはかってみましょう。また、あわせてお子さまの得意・不得意の見きわめも行ってください。苦手な分野の対策にあたっては、お子さまに無理をさせず、理解度に合わせて学習するとよいでしょう。

学習のポイント

この問題を解くポイントとして、隠れている積み木の存在を把握できているかどうかです。例えば①ですが、手前に積まれている積み木があると、奥の積み木は見えません。そういった積み木をイメージして数えることが大切になってきますが、前問でも言った通り、経験がないとお子さまにとっては非常に難しいものとなります。ですから、実物を積む経験をしていきましょう。加えて、数え忘れたり、重複して数えるということをしないように「下に積まれている図形から順番に上へと数える」など、お子さま自身の中で数えるルールを決めるように指導しましょう。

【おすすめ問題集】

Ｊｒ・ウォッチャー14「数える」、53「四方からの観察　積み木編」

問題24　分野：推理（シーソー、じゃんけん）

観察　考え

〈準備〉　鉛筆、クーピーペン（青）

〈問題〉　①シーソーでくだものの重さを比べました。２番目に軽いものはどれですか。下から選んで、○をつけてください。
②男の子と女の子がじゃんけんを８回します。１回勝ったら、○を青色に塗ってください。○が足りなくなったら、△を塗ってください。男の子が８回勝ったらどうなりますか。記号に色を塗ってください。

〈時間〉　30秒

〈解答〉　①左から２番目（イチゴ）　②○：５、△：３

［2020年度出題］

学習のポイント

①の問題は重さを比べる「シーソー」の問題です。シーソーにものを載せると、軽いものはいつも上に上がります。このことに注意して、１つひとつのシーソーを見比べると、上に上がっているくだものはイチゴとモモだけとわかります。上から３番目のシーソーを見ると、モモとイチゴの重さを比べているシーソーで、イチゴが上に上がっているということから、イチゴの方がモモより軽いということがわかります。そして、１番下のシーソーを見ると、イチゴ１個とブドウ２個が同じ重さということがわかるので、１番軽いのがブドウ、その次がイチゴとわかります。②のこの問題は、男の子がじゃんけんに勝った回数分、記号を塗る問題です。じゃんけんに勝てば、○に色を塗ることができます。そして、○が足りなくなったら△にも色を塗ることができます。問題を見てみると、○は５つしかありませんから、男の子が８回勝ったということは、○５つに△も３つ塗られていれば、正解となります。

【おすすめ問題集】

Ｊｒ・ウォッチャー31「推理思考」、33「シーソー」

問題25　分野：言語（しりとり）

語彙　考え

〈準　備〉　クーピーペン（赤）

〈問　題〉　「イノシシ」から「ミカン」までのしりとりをしてください。赤色のクーピーペンで線をつないでください

〈時　間〉　１分

〈解　答〉　下図参照

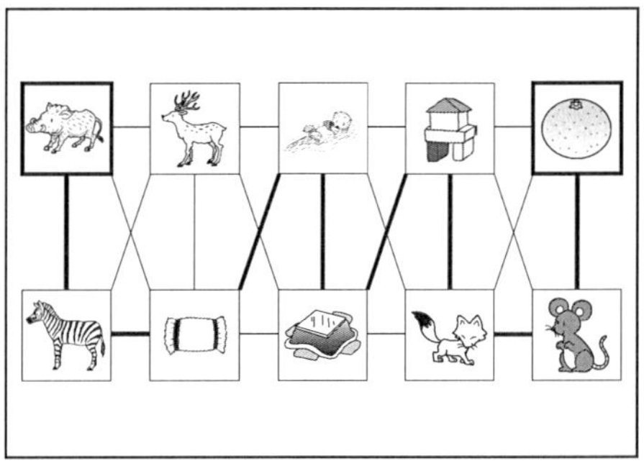

［2020年度出題］

学習のポイント

「しりとり」でつながるものを線でつないでいく問題です。この年齢のお子さまであれば、「しりとり」といえば理解できると思います。また、しりとりの最初と最後のものがわかっているので、順番ずつ頭音と尾音を確認していけば困惑せずに取り組めると思います。ですからお子さまがこの問題を間違えてしまうのであれば、原因はそのものの正しい名称を知らないということでしょう。そのものを知らなければ、知る時に正しい名称で覚えればよいですが、間違った名称で覚えていた場合は、今一度覚えていた名称を直していくということをしなければなりません。これは小学校受験を考えている方にとってはとてももったいないことと思ってよいでしょう。ですから、保護者の方はお子さまが覚えているものの中で家庭内でしか通用しないものや、地域特有のもので覚えているものを見かければ、すぐになおしてください。

【おすすめ問題集】
Ｊｒ・ウォッチャー18「いろいろな言葉」、49「しりとり」、
60「言葉の音（おん）」

問題26　分野：常識（総合）　知識

〈準備〉　鉛筆、クーピーペン（12色）、「雪やこんこ」「こいのぼり」などの音源、音楽再生機器

〈問題〉　（問題26-１の絵を渡す）
①左の「パンダ」のように、「パ」や「ダ」と同じような言葉がつくものに○をつけてください。
②この中で仲間外れのものを見つけて、○をつけてください。
（問題26-２の絵を渡す）
③今から音楽を流します。
（「雪やこんこ」を流し、音楽を止めたら）
それでは今の歌と同じ季節の絵に青色のクーピーペンで○をつけてください。
（解答が終わったら、同じように「こいのぼり」を流す。）
それでは今の歌と同じ季節の絵に黄色のクーピーペンで○をつけてください。
④モミジとイチョウは秋になったら何色に変わりますか。その色を塗ってください。
（問題26-３の絵を渡す）
⑤正しい配膳はどれですか。○をつけてください。

〈時間〉　各30秒

〈解答〉　①右から２番目（ペンギン）　②左から２番目（ダイコン）
③○（青）：右端（冬）　○（黄）：左端（春）
④モミジ：赤　イチョウ：黄　⑤左下

［2020年度出題］

学習のポイント

当校の常識問題は、季節、マナー、言葉など幅広い分野から出題されています。どの分野から出てきても解けるように、対策はとっておきましょう。①は濁点や半濁点がついている言葉を選ぶ問題です。濁点、半濁点というと難しいですが、言葉に点々がついているものや、丸がついているものです。問題で言う、「パンダ」の「パ」や「ダ」がそれと言えます。選択肢を見てみると、「アヒル」「シマウマ」「ペンギン」「トナカイ」です。このことから正解は「ペンギン」とわかります。②は土の中で育つ野菜、そうでない野菜を見つける問題です。こういった知識は小学校受験で頻出なので、必ず対策を取っておきましょう。③は音楽を聞いて、その音楽の季節を見つける問題です。「雪」「こいのぼり」という季節の言葉が出てくるので聞いたことがなくても解ける問題ですが、聞いておいた方が季節のイメージがしやすく、問題を解くことに苦労はしないでしょう。④も季節の問題です。実際にその季節になって、モミジ、イチョウの色がどうなっているのか確認するという体験を１度はさせましょう。その体験をするだけでもお子さまは知っているという自信につながります。⑤は正しい配膳を見つける問題です。正しい配膳を知っているということは、家でもそういう取り組みがしっかりされているという考えにつながってきます。ですから、間接的に親の躾も観られている問題と思ってよいでしょう。お子さまが間違ったのであれば、保護者の方は自らの躾を見直してみてください。

【おすすめ問題集】

Ｊｒ・ウォッチャー11「いろいろな仲間」、12「日常生活」、27「理科」、34「季節」、55「理科②」

問題27　分野：制作

聞く　集中

〈準備〉　クーピーペン（12色）、折り紙、ハサミ、のり、ひも、色画用紙（ピンク、水色、白２枚）、チャック付きの袋（画用紙が入るサイズ）
あらかじめ、白の画用紙、袋に穴を開けておく。画用紙（ピンク、白）に絵を描いておく。
※穴の位置、絵は問題27－１を参考にしてください。

〈問題〉　**この問題は絵を参考にしてください。**
①（問題27－１の絵を見せる）
　今見た絵を作ります。
　（問題27－２の絵を渡す）
・☆マークが描かれている紙の三角と丸、長方形をハサミで切り、穴が空いた白い画用紙に、見本（27－１の絵）と同じ位置でのりを使って貼ってください。足や耳、顔などをクーピーペンで描き足してください。
・◇マークが描かれている紙のトラックをハサミで切り、見本と同じ位置でのりを使って貼ってください。
・★マークが描かれている紙の太線をハサミで切ってください。切り終えたら、○が書いてある線を山折り、☆が書いてある線を谷折りに折ってください。
・水色の画用紙を大きな長い丸になるようにちぎって、穴の空いた白い画用紙に見本通りに貼ってください。
・水色の画用紙を貼り終えたら、その上に★マークが描かれている紙を切り取ったものを画用紙の上に置いてください。橋の出来上がりです。
・ピンクの画用紙の絵を切って、何も描いていない白の画用紙に貼ってください。貼り終えたら、チャック付きのビニール袋に入れてください。
・画用紙をチャック付きのビニール袋に入れたら、27－２の絵を貼り付けた白い画用紙の穴とビニール袋の穴を重ねて、ヒモを通してチョウチョ結びしたら完成です。

〈時間〉　20分

〈解答〉　省略

［2020年度出題］

学習のポイント

「切る」「貼る」などの基本的な作業が観られている制作の課題です。指示が多いため、複雑に見える課題ですが、１つひとつの指示を見ていくと、「線に沿って切る」「見本通りに貼る」「チョウチョ結び」など指示されていることはお子さまにとっても理解できるものばかりだと思います。ですから、実際に取り組んで、お子さまが苦手なことを見つけたらそれを何度も反復してこなしていくことが最もよい対策と言えます。ヒモの結び方、「折り方」の呼び名などさまざまなところにつまずくポイントがこの問題にはあります。お子さまが苦手なところをいち早く確認できるように保護者の方はまずはお子さまの作業を見守ってください。

【おすすめ問題集】
　Ｊｒ・ウォッチャー23「切る・貼る・塗る」、実践 ゆびさきトレーニング①②③

問題28　分野：運動

聞く

〈準備〉　①なし
②平均台（台の上に×の印をつけておく）
③フープ（白、赤、黄色、青、緑）
真ん中に白、前に赤、後ろに黄色、右に青、左に緑のフープを置く。
④なし
⑤なし

〈問題〉　この問題の絵はありません。
①ラジオ運動
・先生の動きにあわせて、いっしょに体操をしましょう。
②平均台
今から指示を出します。そのとおりに行ってください。
・×の印で右足を上げ、笛が鳴るまで片足バランスをしてください。
（逆の足でも行う）
・×の印を踏まないように平均台を渡ってください。
・×の印でくるくる回ってください。
・×の印に足をかけマットに手をついて、笛が鳴るまで腕立て伏せの姿勢を保ってください。
③ジャンプ運動
今から先生が指示を出した色にジャンプをします。
複数の色を言われても１回、真ん中の白に戻ってください。
例えば、「赤、黄色」と先生が言えば、「赤→白→黄色→白」というように必ず白に戻ってから違う色へジャンプしてください。
④行進
・リズムにあわせて、その場で足踏みをしてください。
・「行進」の合図があったら、前に進んでください。
・「右・左」の合図があったら、その方向に曲がってから進んでください。
・「やめ」の合図があったら、スキップで元の位置に戻ってください。
⑤スキップ
・③で使ったフープの周りを、笛が鳴るまでスキップする。

〈時間〉　適宜

〈解答〉　省略

［2020年度出題］

学習のポイント

運動の課題では、サーキット運動が例年出題されています。その内容のほとんどが基本的なものばかりなので、観られている点は運動能力というよりは、取り組む姿勢や態度と言えるでしょう。また、簡単な課題ですが、指示の回数がとても多いのがこの課題の特徴です。最後まで話を聞き取れているか、ということも観られていると思います。スキップやラジオ体操、ジャンプ運動など家でも行えるものがほとんどなので、実際に家で練習してみるのもよいでしょう。平均台はひもやビニールテープなどを代用して、バランス力を養うことも可能です。

【おすすめ問題集】
新運動テスト問題集、Ｊｒ・ウォッチャー28「運動」

問題29　分野：行動観察

聞く　協調

〈準 備〉 ボール（お手玉サイズ、複数個）、ドミノ（複数枚）、カゴ（３つ）、テープ（赤）

〈問 題〉 **この問題は絵を参考にしてください。**
（５～６名程度のグループを作って行います）
①玉入れ
四角の中から、かごへ目がけてボールを投げてください。１番奥のカゴは50点、２番目の奥のカゴは30点、１番手前のカゴは10点です。
②ドミノ並べ
赤いテープの上にできるだけ長くドミノを並べる。
③お話コーナー
先生がお話をします。その後、お話についての質問をしますので答えてください。
※お話はグループによって異なっていました。

〈時 間〉 適宜

〈解 答〉 省略

［2020年度出題］

学習のポイント

当校の行動観察では、グループでさまざまな課題を取り組みます。①のようにほかのグループと競い合う課題では、結果にとらわれて自分勝手にしてしまうかどうか。②のように１人で集中しなければならない作業をみんなと協力して取り組む課題では、自分の集中力だけでなく、ほかの人が集中できるような配慮ができるかどうか。③ではほかのお友だちのさまざまな解答を聞いて、それをうまく自分の意見に組み込めるか、もしくはそれでもはっきりと意見を通せるかどうかが観られています。行動観察では、まず自分のことではなく、自分のグループをどうするかを考えさせるように保護者の方は指導していきましょう。日頃から多くのお友だちと遊ぶということも立派な行動観察の学習の１つと言えるでしょう。

【おすすめ問題集】
新口頭試問・個別テスト問題集、新ノンペーパーテスト問題集
Ｊｒ・ウォッチャー29「行動観察」

問題30　分野：面接（保護者・志願者）

〈準備〉　なし

〈問題〉　**この問題の絵はありません。**

【お子さまへ】
・名前と園名を教えてください。
・今、１番がんばっていることは何ですか。
・小学校に入ったら何がしたいですか。
・お父さんとお母さんの好きなところはどこですか。
・大きくなったらどんな人になりたいですか。
・園で１番仲のよいお友だちは誰ですか。
【保護者の方へ】
・志望理由をお聞かせください。
・教育で大事にされていることは何ですか。
・お子さまは幼稚園（保育園）の先生にどのように言われていますか。それは家での様子と違いますか。
・休みの日はお子さまとどのように過ごしていますか。
・在校生にお知り合いの方はいらっしゃいますか。
・通学方法を教えてください。

〈時間〉　約15分

〈解答〉　省略

［2020年度出題］

学習のポイント

当校の面接は、昨年度までは２次試験として、１次試験を通らなければ受けることはできませんでしたが、本年度からは試験前にすべての家庭が受けるようになりました。形式としては試験官が２人と、親子３人（子どもが真ん中）が向かい合うようにして進められます。質問は、お子さま→保護者の順で進められ、お子さま自身のことや志望動機、ご家庭での様子などの一般的なもののほかに、出願書類に記入した内容からの質問などもあったようです。回答内容によっては、さらに突っ込んだ質問が加えられる場合もありました。特徴的な質問としては、家族以外の視点から観たお子さまの評価が聞かれていることです。これは、他者からの評価を保護者の方が把握しているかどうか、保護者と他者の評価が食い違っていないかなどを観ていると考えられます。また、併願校に受かった場合どうするかなど、入学の意思を確認するような質問も特徴と言えます。質問の内容は、ご家庭ごとにさまざまですが、総じて、名進研小学校の教育理念・校風に合っているかどうかが観られていると言えるでしょう。

【おすすめ問題集】
新 口頭試問・個別テスト問題集、面接テスト問題集

2019年度以前の問題

問題31　分野：お話の記憶

聞く　集中

〈準備〉　鉛筆、クーピーペン（12色）

〈問題〉　めいちゃんは習い事のスイミングが終わった後に、黄緑色のメロン味のアイスを食べるのを楽しみにしていました。弟には「絶対に食べないでね」と言っておいたのに、家に帰ると弟がアイスを食べてしまっていました。めいちゃんは怒って「大嫌い」と弟に言いました。お母さんは「そんなことを言ってはいけないわ。今からいっしょにスーパーに行って、アイスを買いましょう」と言いました。スーパーは郵便局の隣にある三角屋根で背の低い建物です。街にはたくさん背の高いビルがあるのでスーパーはすぐにわかりました。スーパーにつくと、めいちゃんは自分と弟とママのアイスを買いました。帰りに小学校の前を通ると、花壇に白と黄色と赤色のチューリップが咲いていました。

①お話の季節と同じ季節のものに、○をつけてください。
②めいちゃんの好きなアイスは何色ですか。その色のクーピーペンで、○に色を塗ってください。
③めいちゃんに「大嫌い」と言われた時、弟はどんな顔をしたと思いますか。○をつけてください。
④スーパーはどれですか。○をつけてください。
⑤スーパーで、アイスをいくつ買いましたか。その数だけ○を書いてください。
⑥小学校の花壇に咲いていた花の色は、白のほかに何色がありましたか。その色のクーピーペンで塗ってください。

〈時間〉　各15秒

〈解答〉　①右から２番目　②○：黄緑　③右から２番目　④左から２番目
⑤○：３　⑥赤、黄

［2019年度出題］

学習のポイント

当校のお話の記憶の問題では、例年400字程度の短いお話から、５～６問程度質問をされます。特にお話の細かい描写からの質問が多いので、それらを覚えられるだけの記憶力、お話を聞くときの集中力の高さが求められています。本問では具体的に、アイスやチューリップの色や、スーパーの場所、アイスを買った数をたずねる質問が出題されました。その上で、登場人物の気持ちを問う質問もありました。このような問題の場合、お話に出てきたものの数や色など、質問で扱われやすい情報に気付いたら、お話の流れとあわせて覚えるようにするとよいでしょう。ふだんの練習では、場面が変わるところなどで１度お話を止めて、その場面に関する描写からの質問を保護者の方がしてください。この時、いつも同じような質問をすると、「（お話の後で）聞かれそうなこと」がわかるようになります。

【おすすめ問題集】
１話５分の読み聞かせお話集①②、１話７分の読み聞かせお話集入試実践編①、
お話の記憶 初級編・中級編、Ｊｒ・ウォッチャー19「お話の記憶」、34「季節」

問題32　分野：図形（点図形）

観察　集中

〈準 備〉　鉛筆、クーピーペン（黒）

〈問 題〉　①左側のお手本を見て、同じように右側に書き写してください。
②左側のお手本を見て、上下を反対にした形を右側に書き写してください。

〈時 間〉　各２分

〈解 答〉　省略

［2019年度出題］

学習のポイント

点図形は、当校では出題頻度の高い問題の１つです。①のように、お手本をそのまま書き写すものだけでなく、②のように対称移動などの操作をした形を書かせることもあります。このような操作をすると、斜めの線の方向が把握しにくくなるため、難度が高くなります。さまざまなパターンで練習を繰り返すようにしてください。点と点を結ぶ時には、ペンの持ち方にも工夫が必要です。例えば、小指を紙に付けて固定する感じで少し立てるようにします。そして、もう一方の手で紙を押えます。ペンを立てると、ペンを動かす先が手で隠されてしまうことが減り、紙を押えることで、姿勢が安定します。また、ペンを寝かせて持ち、ペン先、始点、終点の３つが視界に入るようにする方法もあります。この年齢のお子さまは、力強く線を引くことや、きれいに線を引くことがまだまだ不慣れです。まずは真っすぐな線を引けるようになることから始め、段階的に正確に、効率よく進められるようになることを目指しましょう。

【おすすめ問題集】
Ｊｒ・ウォッチャー１「点・線図形」、８「対称」、51「運筆①」

問題33　分野：図形（構成・回転図形）

観察　考え

〈準 備〉　鉛筆、クーピーペン（黒）

〈問 題〉　（問題33-１を渡す）
①左側の形を作るには、右側のどの形を使えばよいですか。使うものすべてを選んで○をつけてください。
（問題33-２を渡す）
②左側の絵を、矢印の方向に矢印の数だけ回転させます。その時の形を、右側から選んで○をつけてください。

〈時 間〉　各20秒

〈解答〉　下図参照

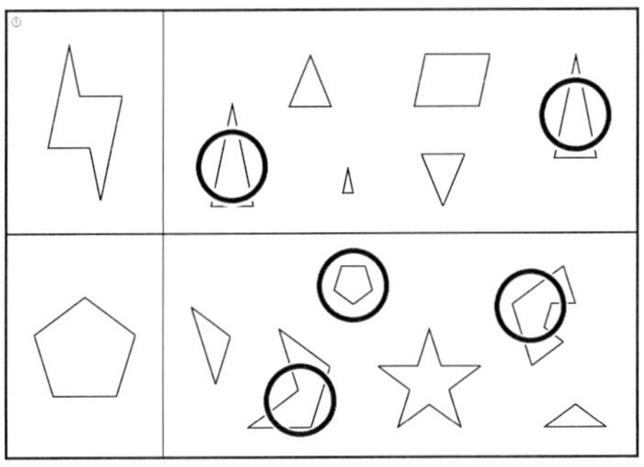

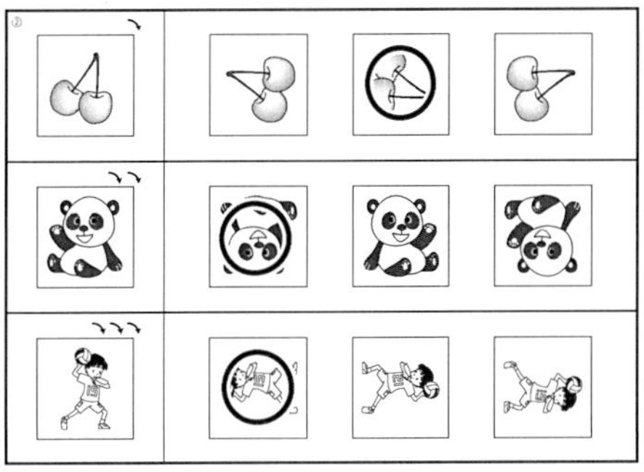

［2019年度出題］

学習のポイント

当校の図形分野の問題は、例年２～３種類の問題が出題されています。図形の全体像や特徴を把握し、ある程度頭の中で組み合わせたり、動かしたりすることができるように、練習を繰り返し、図形を認識する力を伸ばしてください。①の図形の構成の問題では、「大きな図形」から見本の形に当てはめていくことがポイントです。それは、大きな形が当てはめられる場所は限られるということと、当てはめた後の残りの部分の面積が小さくなり、どこにどの図形を当てはめるかをイメージしやすくなるからです。②の回転図形では、回転させた後の向きと、特徴的な部分がどこへ移動するのかを考えることが大切です。例えばパンダの絵の場合、矢印の方向に２回まわすと、パンダは上下反対の向きになります。この時、パンダの右足は、絵の左下あたりから右上あたりに移動します。この２点を踏まえると、答えは左の絵とわかります。図形の動きがうまくイメージできないようならば、本問と同じように紙を切って、実際に動かしながら確認するとよいでしょう。

【おすすめ問題集】

Ｊｒ・ウォッチャー９「合成」、45「図形分割」、46「回転図形」、54「図形の構成」

問題34　分野：推理（系列・シーソー）

観察　考え

〈準備〉　鉛筆、クーピーペン（黒）

〈問題〉　（問題34-１の絵を渡す）

①あるお約束にしたがって、絵が並んでいます。空いているところに当てはまる形を書いてください。

（問題34-２の絵を渡す）

②左側の絵のようなお約束で、シーソーが釣り合っています。右側のシーソーの中から、釣り合っているものを選んで、○をつけてください。

〈時間〉　各１分

〈解答〉　下図参照

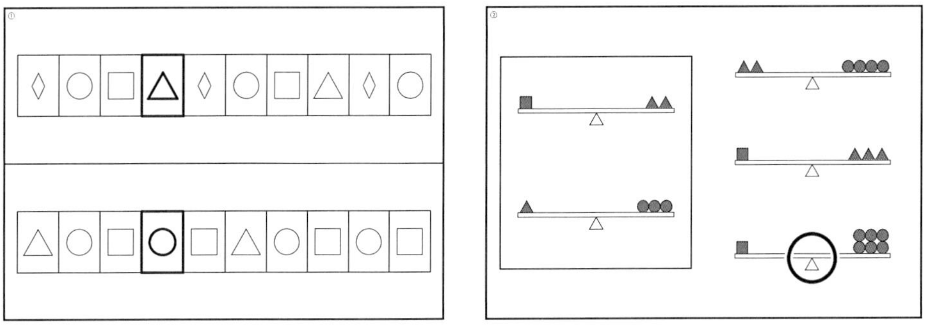

［2019年度出題］

学習のポイント

①の系列の問題では、記号がどのようなお約束で並んでいるのかを考えます。その際、連続した２つの記号の繰り返しに注目できると、お約束が見つけやすくなります。例えば上段の場合、「◇○」という組み合わせは、お約束の１・２番目と５・６番目、９・10番目にあります。これらの間には、それぞれ２つの記号は当てはまるので、「◇○□△」というお約束が見つけられます。同様に下段は「△○」に注目すると、「△○□○□」というお約束になります。②の釣り合っているシーソーでは、１番軽い形を見つけ、すべてその形に置き換えて考えます。左側のお手本を見ると、「□」は「△」２個分、「△」は「○」３個分となるので、「□」１個と「△」２個と「○」６個が同じ重さということになります。この関係に当てはまるものを右から探せば、答えが見つけられます。系列のお約束とシーソーの置き換えは、どちらも練習を通して基本的な考え方を理解することが大切です。当校で出題頻度の高い分野なので、しっかりと反復練習を進めてください。

【おすすめ問題集】
　Ｊｒ・ウォッチャー６「系列」、31「推理思考」、33「シーソー」

問題35　分野：常識（総合）　知識

〈準備〉　鉛筆、クーピーペン（12色）

〈問題〉　（問題35-１の絵を渡す）
①左の絵と同じ季節のものを選んで、○をつけてください。
（問題35-２の絵を渡す）
②上の段の絵の中で、時計の数字が正しく並んでいるものに、○をつけてください。
③下の段の絵の中で、材料に卵が使われているものに○を、小麦粉が使われているものに×をつけてください。
（問題35-３の絵を渡す）
④上の段の絵の中で、踏切の標識に青いクーピーペンで△を、非常口のマークに鉛筆で○を、優先席のマークに赤いクーピーペンで□を書いてください。
⑤下の段の絵を見てください。左側の野菜や果物を切った時の絵で、正しいものを右側から選んで○をつけてください。

〈時間〉　各30秒

〈解答〉　①（上から順に）右（春、ひなまつり）、真ん中（冬、つらら）、
左（夏、ヒマワリ）、真ん中（秋、トンボ）
②③④⑤下図参照

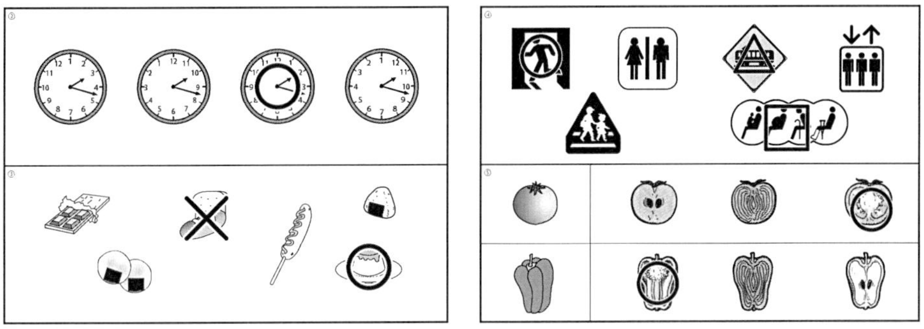

［2019年度出題］

学習のポイント

当校の常識問題は、季節、マナー、生活常識、理科など、幅広い分野から出題されています。図鑑や本などから学べる内容もあれば、日常生活に根ざしたものもあるので、机上の学習と生活体験の両方から学ぶことはもちろんですが、それらを整理する意味で、問題集を使った学習をするのがよいでしょう。②では、時計を読めるかどうかを問うものではありませんが、家にある時計の数字の位置を気にしたことがなければ、なかなか答えられないものです。③についても、それぞれの食べものが何を主な材料として作られているか、あるいは小麦粉を知っているかという、少し高度な内容になっています。しかし、出題されそうな内容を網羅的に勉強する必要はありません。それよりも、知らなかったことはその場ですぐに理解させることや、日々の生活の中でお子さまが興味を持ったものについては、いっしょに観察するといった姿勢で、学ぶ機会を逃さないようにする方がよいでしょう。なお、④の問題のみ、使用する筆記用具の指定がありました。このような急な指示にも、慌てないように気を付けましょう。

【おすすめ問題集】

Ｊｒ・ウォッチャー11「いろいろな仲間」、12「日常生活」、27「理科」、
34「季節」、55「理科②」

問題36　分野：運動

聞く

〈準備〉　マット、ボール、フープ（10個程度）

〈問題〉　この問題の絵はありません。

①準備運動
・先生の動きにあわせて、いっしょに体操をしましょう。

②マット運動
・手を上に伸ばして、「イモムシゴロゴロ」をします。笛が鳴ったら、反対の方向に転がってください。
・前転を２回してください。

③ボール運動
・ボールを上に投げて、手を１回叩いてからキャッチしてください。
・ボールを上に投げて、おなかを触ってからキャッチしてください。
・ボールを上に投げて、肩を触ってからキャッチしてください。
・ボールを上に投げて、おなかとおしりを触ってからキャッチしてください。
・リングの中に入って、合図があるまでドリブルをしてください。
・ドリブルで、並べてあるリングの上を進んでください。

④ジャンプ運動
・リングの中を、ジャンプしながら進んでください。
・リングの中を、ケンケンパで進んでください。

⑤行進
・リズムにあわせて、その場で足踏みをしてください。
・「行進」の合図があったら、前に進んでください。
・「右・左」の合図があったら、その方向に曲がってから進んでください。
・「やめ」の合図があったら、スキップでもとの位置に戻ってください。

〈時間〉　適宜

〈解答〉　省略

［2019年度出題］

学習のポイント

運動の課題では、サーキット運動が例年出題されています。その内容も、マット、ボール、走るなど、基本的なものばかりです。動作が基本的なものである一方で、運動の種類や指示の回数が多いのも当校の特徴です。このことから、年齢相応の運動能力だけでなく、指示を最後まで聞き、正確に実行できるかどうかが観られていると言えます。難しい動作や激しい練習よりも、基本的な動作を確実にできるように練習を重ねてください。問題文からもわかるように、ボール運動やジャンプ運動などは、ご家庭でも練習ができるものばかりです。親子での遊びの１つとして、指示通りに動く練習を取り入れてみるのもよいでしょう。

【おすすめ問題集】
新運動テスト問題集、Ｊｒ・ウォッチャー28「運動」

問題37　分野：行動観察

聞く　協調

〈準備〉　ボール（３個程度）、ペットボトル（８個程度）、カエルのおもちゃ

〈問題〉　**この問題の絵はありません。**

（５～６名程度のグループを作って行います）

①自由遊び

ここにあるゲームで、自由に遊んでください。合図があったら、もう１つのゲームに変えてください。途中でゲームを変えてもかまいません。

・並べたペットボトルに、ボールを当てるボウリング。

・おもちゃのカエルを飛ばして、得点を競うカエル飛ばしゲーム。

②発表

１人ずつ先生の前へ行って、伏せてあるカードを３枚取ります。そのカードの中から好きなものの絵を１つ選んで、好きなものとその理由を、みんなの前で発表してください。順番を待っている時は、体操座りをして発表を聞いていてください。

〈時間〉　適宜

〈解答〉　省略

［2019年度出題］

学習のポイント

当校の行動観察では、グループを作って遊ぶ課題が、例年出題されています。こうした課題では、ほかの子と仲良く遊べるか、お互いの考えを上手く伝えらえるかといった点が観られていると考えられます。小学校に進むと、お友だちと協力しながらものごとを進める機会が、これまで以上に増えてきます。それは、教室内でのお友だちとの関係だけでなく、いっしょに通学するお友だちとの関係であったり、縦割りのお兄さん、お姉さんたちとの関係であったりします。つまり、本課題で観られているコミュニケーションの力は、目先の試験だけでなく、小学校進学以降にも必要とされるものと言えるのです。そう考えると、日常生活を通してお友だちとの関わり方を学ぶことが、結果として最善の試験対策になります。その中で、人の話を聞く、自分の意見を言う、お友だちに声をかけるなどの点について学べるのが１番です。

【おすすめ問題集】

新口頭試問・個別テスト問題集、新ノンペーパーテスト問題集

Ｊｒ・ウォッチャー29「行動観察」

問題38　分野：制作

聞く　集中

〈準備〉　クーピーペン（12色）、折り紙、ハサミ、のり、ひも、色画用紙（青、水色）
あらかじめ、問題28-4の白いカード、プレゼントの箱を切っておく。

〈問題〉　**この問題は絵を参考にしてください。**

①（問題38-1の絵を見せ、問題38-2、38-4の絵を渡す）
これから「海の絵」を作ります。
・映像を見て、飛行機の作り方を覚えてください。覚えたら、その通りに折り紙を折ってください。
・船の絵を、線に沿ってハサミで切ってください。
・青い画用紙に、飛行機と船の部品を、のりで貼ってください。
・空いているところに、絵を描いてください。

②（問題38-1の絵を見せ、問題38-3の絵を渡す）
これから「クリスマスプレゼント」を作ります。
・白いカードに、自分が欲しいプレゼントの絵を描いてください。
・プレゼントの箱を、台紙の灰色の部分にのりを使って貼ってください。
・台紙に、プレゼントをもらった時の女の子の顔を書いてください。
・プレゼントの箱の中に、プレゼントのカードを入れてください。

③できあがった２つの絵を重ねて、ひもで結びます。２つの穴の前が結び目になるように、蝶結びをしてください。

〈時間〉　20分

〈解答〉　省略

［2019年度出題］

学習のポイント

制作の課題です。１つひとつの作業は、それほど複雑なものではありませんが、①の飛行機の折り方を覚える、②の顔を描く、③の蝶結びなどでは、失敗しないように気を付けてください。このような課題では、ていねいに作業を行い、きれいな出来上がりを目指して取り組む姿勢をふだんから心がけてください。制作の評価は、作品の出来栄えによって大きく変わるものではありません。指示を理解することや、それを実行できたかなどの、作業に取り組む時の姿勢が主に観られています。落ち着いて取り組めば問題のないことですが、指示を聞き逃してしまったり、紙を破いてしまったりなど、予定外のことが起きてしまうかもしれません。そのような時にも慌ててしまわないように、１つひとつのことにていねいに取り組む姿勢を心がけて、準備を進めてください。

【おすすめ問題集】
Ｊｒ・ウォッチャー23「切る・貼る・塗る」、実践 ゆびさきトレーニング①②③

問題39　分野：お話の記憶

聞く　集中

〈準備〉　クーピーペン（８色）

〈問題〉　**この問題の絵は縦に使用してください。**
これからお話をします。よく聞いて、後の質問に答えてください。

今日はたろうくんのお誕生日です。わくわくしてお庭に出ると、コスモスの花に星が７個あるテントウムシがとまっているのを見つけました。お母さんに見せたら、お母さんの黄色いエプロンにとまりました。「かわいそうだから逃がしてあげよう」と思い、たろうくんはテントウムシを逃がしてあげました。その後たろうくんは幼稚園に行き、絵本を読んでブランコで遊びました。幼稚園から帰ってくるとお母さんが誕生日パーティーの準備をしていました。お父さんが帰ってきたので料理とイチゴのケーキを食べました。お父さんからは、消防車のおもちゃをもらいました。たろうくんは「やったー」と言ってよろこびました。その日の夢の中で、テントウムシが出てきました。夢の中で、テントウムシが「今日は逃がしてくれてありがとう」と言いました。

①お話の季節はどれですか。季節に合った絵を選んで○をつけてください。
②お母さんのエプロンと同じ色で、○の中をクーピーペンで塗ってください。
③テントウムシの星の数だけ、○の中を赤色で塗ってください。
④たろうくんが幼稚園で遊んだものに○をつけてください。
⑤たろうくんが食べたものに○をつけてください。

〈時間〉　各10秒

〈解答〉　①左から２番目（モミジ）　②○：黄　③○：７個　④右端（ブランコ）
⑤左から２番目（ケーキ）

［2018年度出題］

学習のポイント

当校のお話の記憶の問題は、比較的短めのお話ですが、その分、解答のヒントや、解答に該当する言葉が１度しか出てこないことがほとんどです。例えば、①では季節を答えますが、この根拠となる部分は冒頭の「コスモスの花」だけです。また、②から⑤までのすべての解答が、お話の中では１度しか出てきません。このような問題の場合、細かい部分まで聞き逃さない集中力が求められますが、それと同時にお話の流れを記憶する力も必要となります。その力を養うためには、日ごろの読み聞かせが役立ちます。単にお話を聞くことを繰り返すのではなく、「イメージしながら聞く」ことを意識させ、習慣づけましょう。お子さまが読み聞かせにまだ慣れていない時は、お話の情景を思い浮かべやすいように、ゆっくりと、抑揚をつけて読み上げてください。また、お話の途中や読み終わった後に、お話に関する質問をすることで、内容の記憶や理解、感想を確認してみましょう。上手に聞き取れるようになった段階で、読むスピードを上げたり、抑揚のつけ方を抑えて、入試本番に近い出題方法を試してください。

【おすすめ問題集】
１話５分の読み聞かせお話集①②、　お話の記憶 初級編・中級編・上級編、
Ｊｒ・ウォッチャー19「お話の記憶」、34「季節」

問題40　分野：図形（回転図形・点図形）

観察　集中

〈準備〉　クーピーペン（赤）

〈問題〉　左側の絵を回して、☆が右側の絵の場所まで来た時、中の線はどのようになりますか。右側に書き込んでください。

〈時間〉　３分

〈解答〉　下図参照

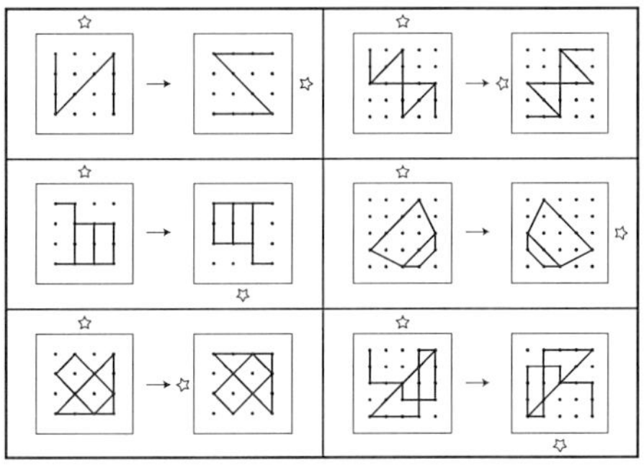

［2018年度出題］

学習のポイント

当校の入試では、例年、多数の図形問題が出題されています。それぞれの内容は、毎年変化しているので、出題されたかどうかにこだわらず、さまざまな図形の問題を、幅広く練習するようにしてください。本問は回転図形の問題ですが、「点・線図形」が組み合わされています。選択肢から正答を選ぶ問題とは異なり、回転した後の図形の向きを正確にイメージすることが要求される、やや難しい問題です。こうした問題では、お手本の図形の特徴的な形や部分が、回転後にどこへ移動するのかを考え、そこを書き込むところから始めましょう。それから、書き込んだ形をヒントにして、そのほかの部分を追加していくとよいでしょう。

【おすすめ問題集】

Ｊｒ・ウォッチャー１「点・線図形」、46「回転図形」

南山大学附属小学校　専用注文書

年　　月　　日

合格のための問題集ベスト・セレクション

＊入試頻出分野ベスト３

1st　図　形
観察力　思考力　集中力

2nd　推　理
思考力　聞く力

3rd　行動観察
協調性　聞く力

ペーパーテストは幅広い分野で出題されているため、バランスよく学習する必要があります。また、当校はノンペーパーテストにも力を入れています。ペーパー、ノンペーパーの学習するバランスも大事です。

分野	書　名	価格(税抜)	注文	分野	書　名	価格(税抜)	注文
図形	Ｊｒ・ウォッチャー１「点・線図形」		冊	推理	Ｊｒ・ウォッチャー31「推理思考」	1,500円	冊
推理	Ｊｒ・ウォッチャー７「迷路」		冊	推理	Ｊｒ・ウォッチャー33「シーソー」	1,500円	冊
常識	Ｊｒ・ウォッチャー11「いろいろな仲間」		冊	常識	Ｊｒ・ウォッチャー34「季節」	1,500円	冊
常識	Ｊｒ・ウォッチャー12「日常生活」		冊	図形	Ｊｒ・ウォッチャー35「重ね図形」	1,500円	冊
数量	Ｊｒ・ウォッチャー14「数える」		冊	数量	Ｊｒ・ウォッチャー40「数を分ける」	1,500円	冊
言語	Ｊｒ・ウォッチャー17「言葉の音遊び」		冊	図形	Ｊｒ・ウォッチャー46「回転図形」	1,500円	冊
言語	Ｊｒ・ウォッチャー18「いろいろな言葉」		冊	言語	Ｊｒ・ウォッチャー49「しりとり」	1,500円	冊
記憶	Ｊｒ・ウォッチャー19「お話の記憶」		冊	図形	Ｊｒ・ウォッチャー53「四方からの観察　積み木編」	1,500円	冊
記憶	Ｊｒ・ウォッチャー20「見る記憶・聴く記憶」		冊	言語	Ｊｒ・ウォッチャー60「言葉の音（おん）」	1,500円	冊
記憶	Ｊｒ・ウォッチャー21「お話作り」		冊		お話の記憶問題集　初級編	2,600円	冊
巧緻性	Ｊｒ・ウォッチャー25「生活巧緻性」		冊		１話５分の読み聞かせお話集①②	1,800円	各　冊
運動	Ｊｒ・ウォッチャー28「運動」		冊		面接テスト問題集	2,000円	冊
観察	Ｊｒ・ウォッチャー29「行動観察」		冊		新口頭試問・個別テスト問題集	2,500円	冊

合計	冊	円

（フリガナ） 氏　名	電　話 ＦＡＸ E-mail
住　所　〒　　　　－	以前にご注文されたことはございますか。 有　・　無

★お近くの書店、または記載の電話・FAX・ホームページにてご注文をお受けしております。
電話：03-5261-8951　FAX：03-5261-8953　代金は書籍合計金額＋送料がかかります。
※なお、落丁・乱丁以外の理由による商品の返品・交換には応じかねます。
★ご記入頂いた個人に関する情報は、当社にて厳重に管理致します。なお、ご購入の商品発送の他に、当社発行の書籍案内、書籍に関する調査に使用させて頂く場合がございますので、予めご了承ください。

日本学習図書株式会社
http://www.nichigaku.jp

名進研小学校　専用注文書

年　　月　　日

合格のための問題集ベスト・セレクション

＊入試頻出分野ベスト３

1st　常　識

知識　聞く力　思考力

2nd　推　理

集中力　聞く力　思考力

3rd　図　形

観察力　思考力

常識分野では、難しい生活常識の問題が特徴です。日常での学びを大切にしながら、問題集で知識をさらに増やしましょう。推理・図形分野はシンプルな問題が多いので、確実性を重視した学習を。

分野	書　名	価格(税抜)	注文	分野	書　名	価格(税抜)	注文
図形	Ｊｒ・ウォッチャー1「点・線図形」		冊	推理	Ｊｒ・ウォッチャー33「シーソー」	1,500円	冊
図形	Ｊｒ・ウォッチャー6「系列」		冊	常識	Ｊｒ・ウォッチャー34「季節」	1,500円	冊
図形	Ｊｒ・ウォッチャー7「迷路」		冊	図形	Ｊｒ・ウォッチャー35「重ね図形」	1,500円	冊
図形	Ｊｒ・ウォッチャー8「対称」		冊	数量	Ｊｒ・ウォッチャー44「見えない数」	1,500円	冊
図形	Ｊｒ・ウォッチャー9「合成」		冊	図形	Ｊｒ・ウォッチャー45「図形分割」	1,500円	冊
常識	Ｊｒ・ウォッチャー11「いろいろな仲間」		冊	図形	Ｊｒ・ウォッチャー46「回転図形」	1,500円	冊
常識	Ｊｒ・ウォッチャー12「日常生活」		冊	巧緻性	Ｊｒ・ウォッチャー51「運筆①」	1,500円	冊
記憶	Ｊｒ・ウォッチャー19「お話の記憶」		冊	巧緻性	Ｊｒ・ウォッチャー52「運筆②」	1,500円	冊
巧緻性	Ｊｒ・ウォッチャー23「切る・貼る・塗る」		冊	図形	Ｊｒ・ウォッチャー53「四方からの観察　積み木編」	1,500円	冊
常識	Ｊｒ・ウォッチャー27「理科」		冊	常識	Ｊｒ・ウォッチャー55「理科②」	1,500円	冊
運動	Ｊｒ・ウォッチャー28「運動」		冊		お話の記憶問題集　中級編	2,000円	冊
観察	Ｊｒ・ウォッチャー29「行動観察」		冊		1話5分の読み聞かせお話集①②	1,800円	各　冊
推理	Ｊｒ・ウォッチャー31「推理思考」		冊		面接テスト問題集	2,000円	冊

合計	冊	円

(フリガナ) 氏　名	電　話 ＦＡＸ E-mail
住　所　〒　　　－	以前にご注文されたことはございますか。 有　・　無

★お近くの書店、または記載の電話・FAX・ホームページにてご注文をお受けしております。
電話：03-5261-8951　FAX：03-5261-8953　代金は書籍合計金額＋送料がかかります。
※なお、落丁・乱丁以外の理由による商品の返品・交換には応じかねます。

★ご記入頂いた個人に関する情報は、当社にて厳重に管理致します。なお、ご購入の商品発送の他に、当社発行の書籍案内、書籍に関する調査に使用させて頂く場合がございますので、予めご了承ください。

日本学習図書株式会社
http://www.nichigaku.jp

☆南山大学附属小学校

問題1－1

①

②

③

問題１－２

④

⑤

⑥

☆南山大学附属小学校

問題2

①

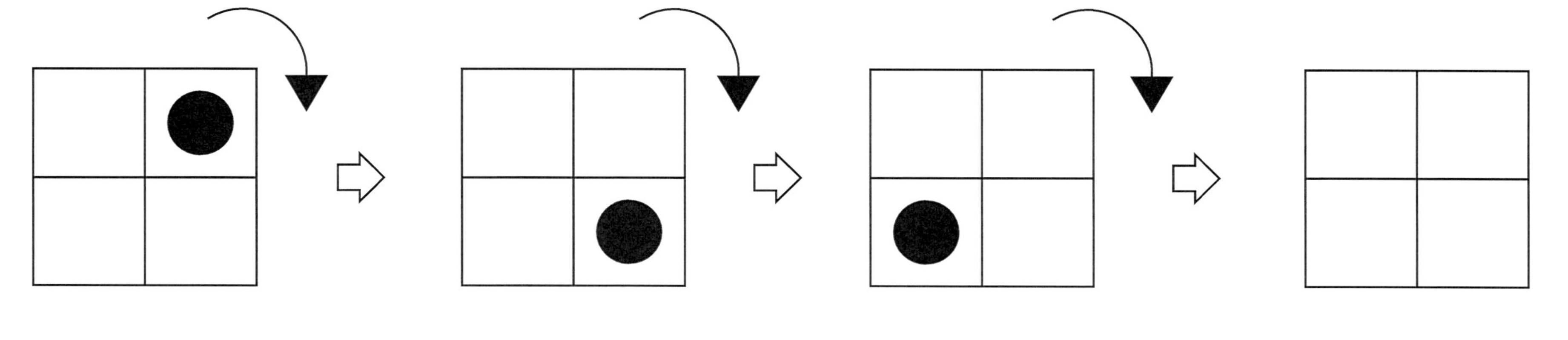

②

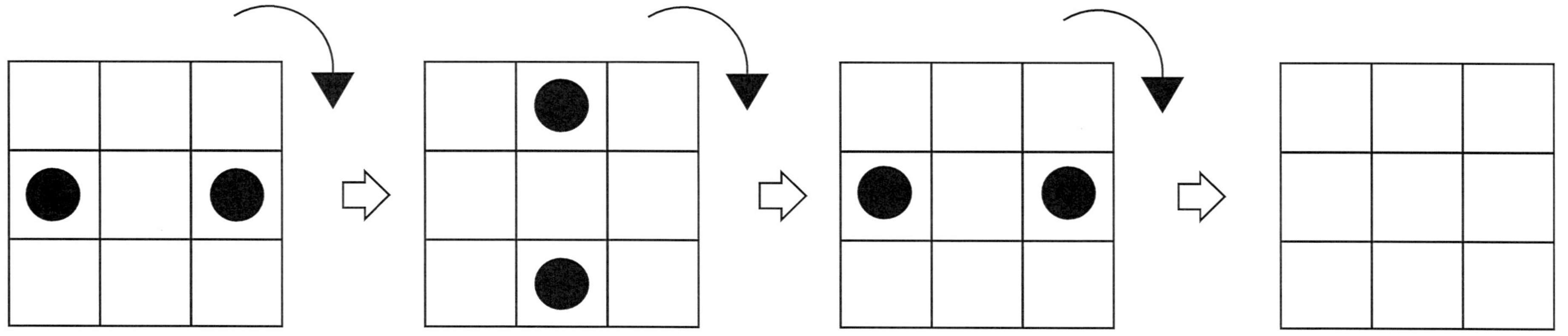

③

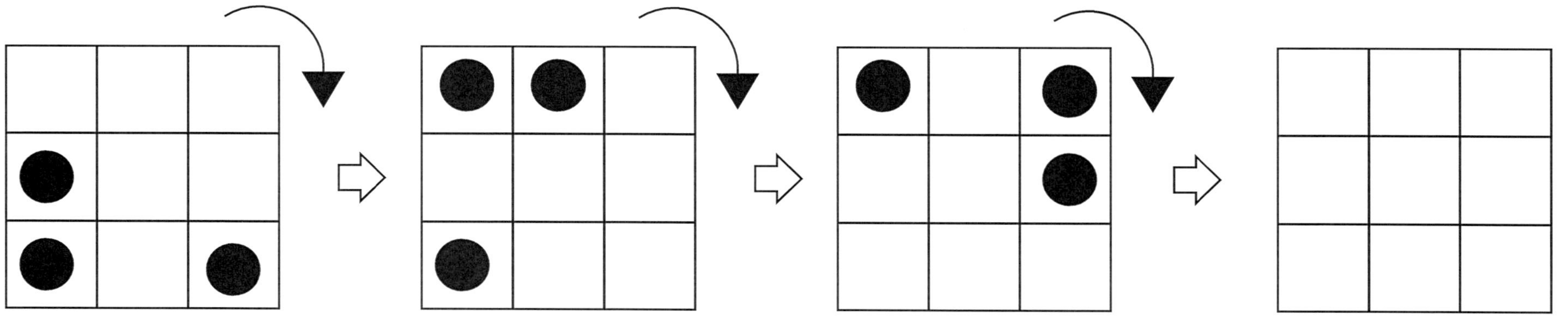

☆南山大学附属小学校

2021年度　愛知私立　過去　無断複製／転載を禁ずる　　　日本学習図書株式会社

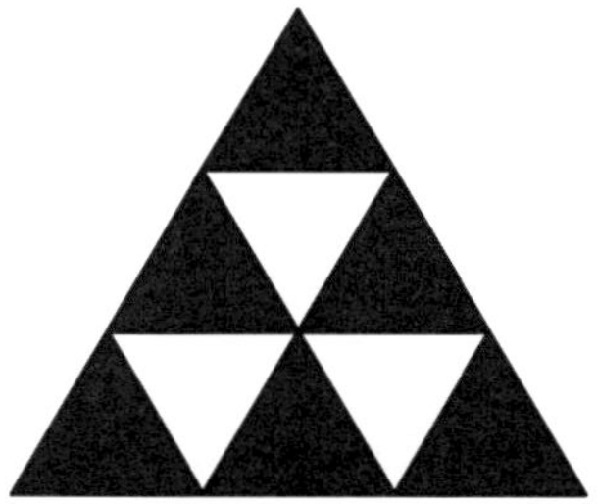

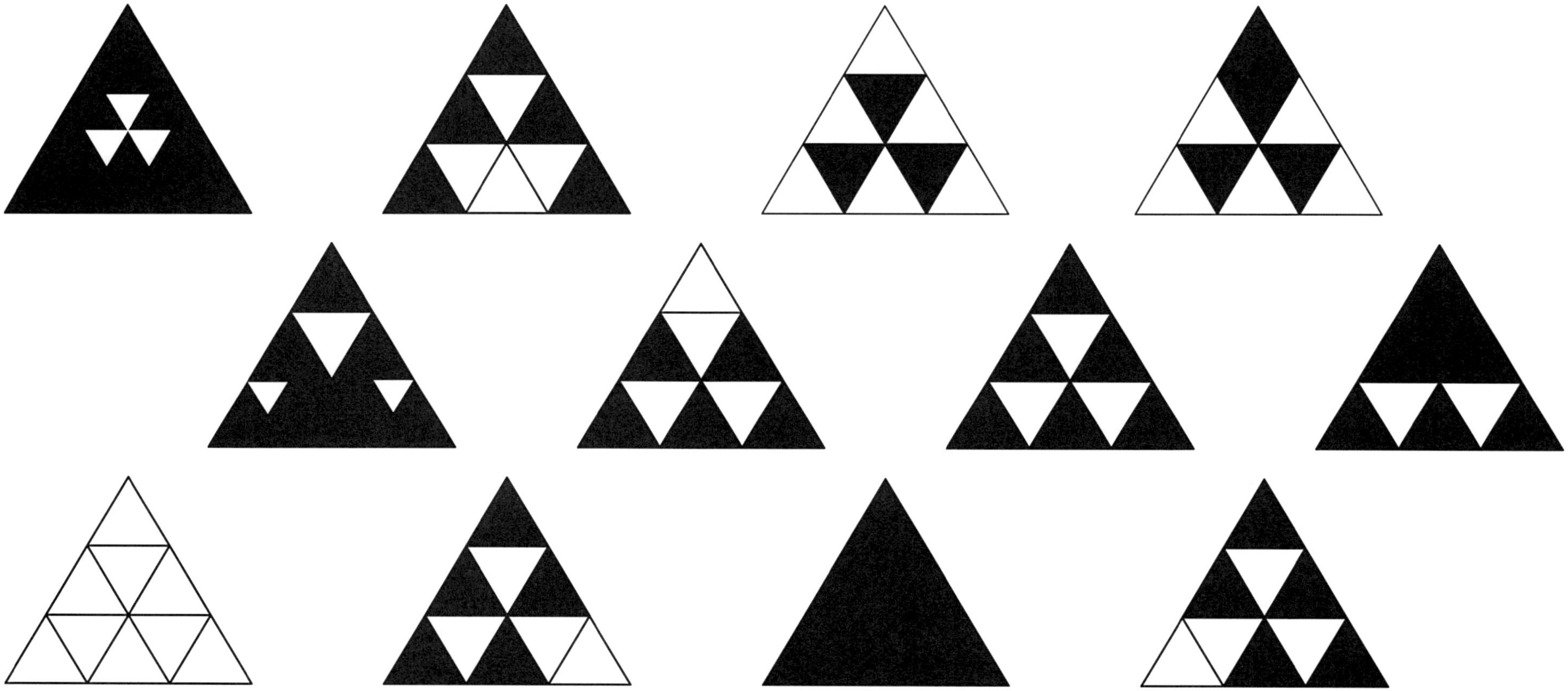

問題4

①

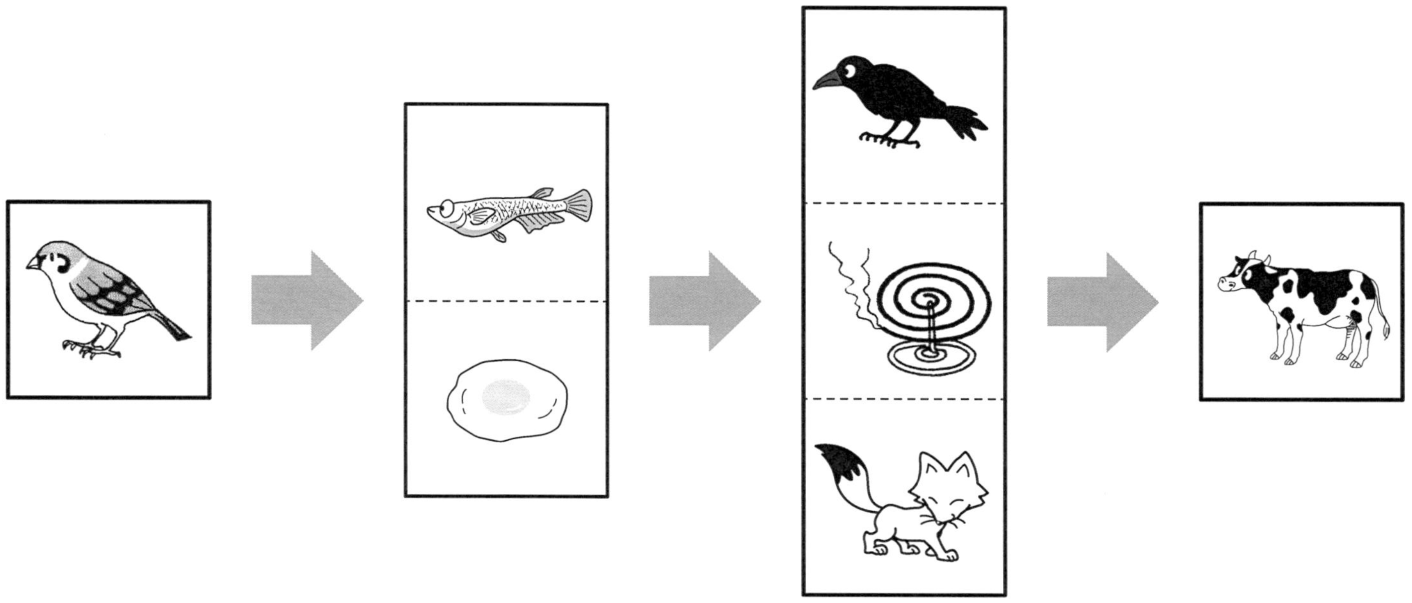

②

問題5－1

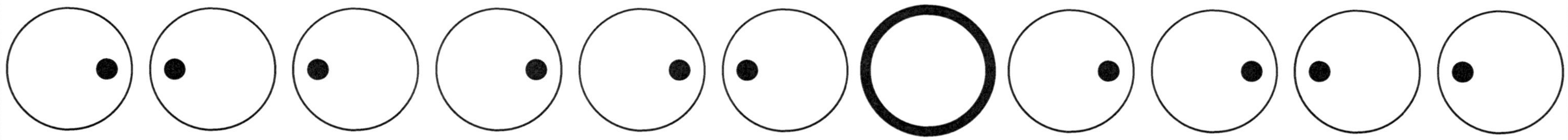

☆南山大学附属小学校

2021年度　愛知私立　過去　無断複製／転載を禁ずる　日本学習図書株式会社

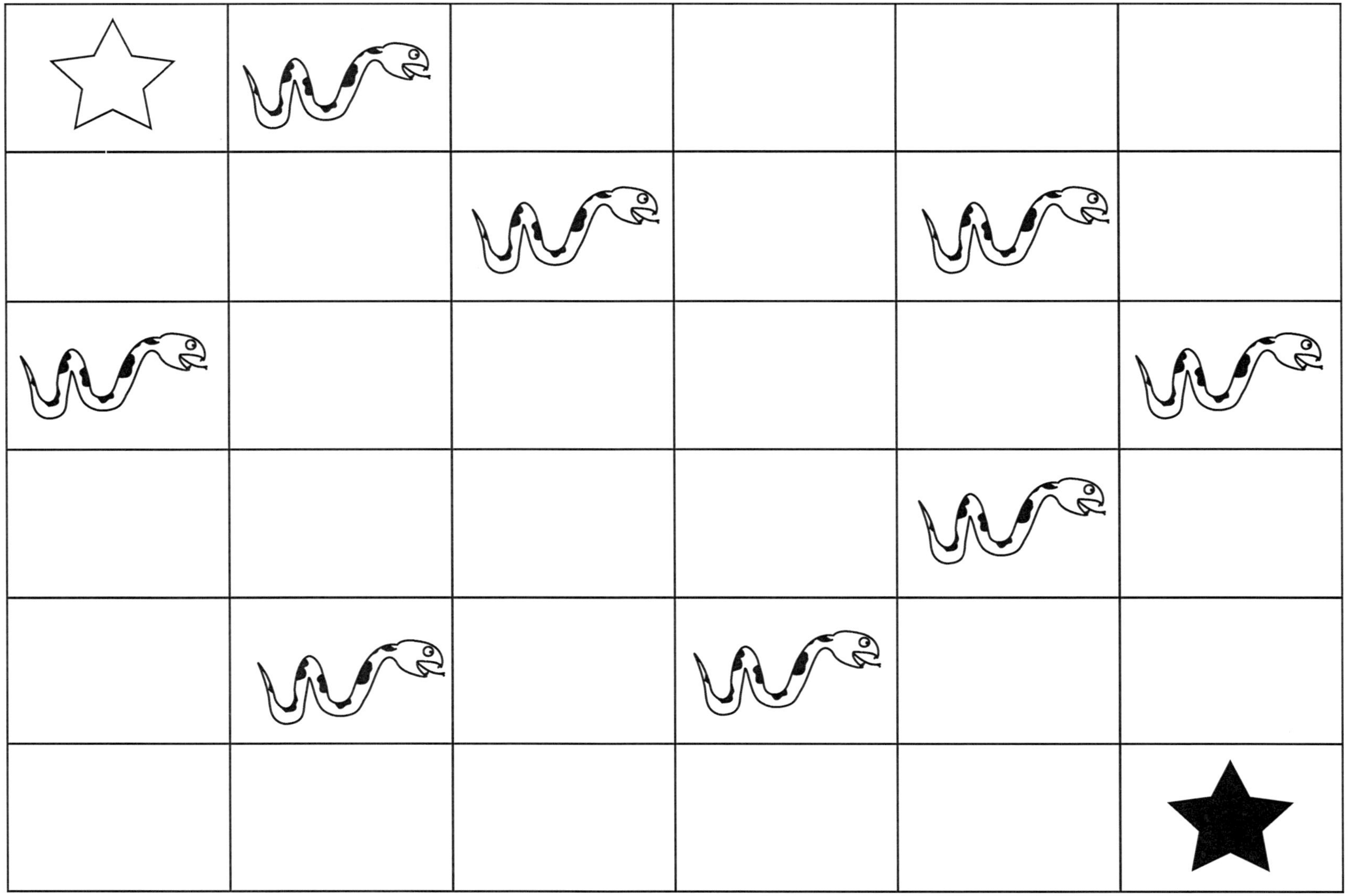

☆南山大学附属小学校

問題6

①

②

問題7

問題１０

☆南山大学附属属小学校

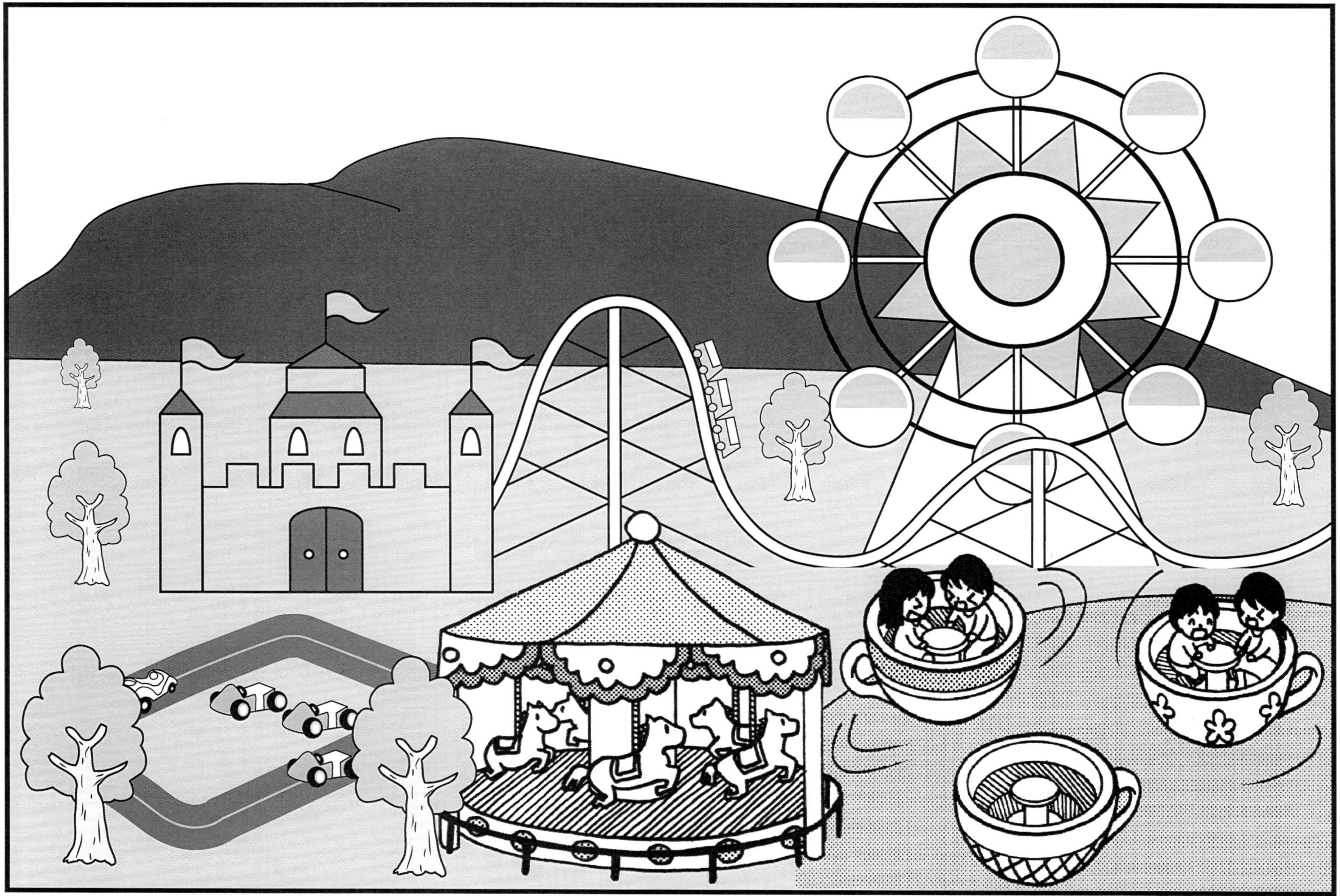

☆南山大学附属小学校

問題１４

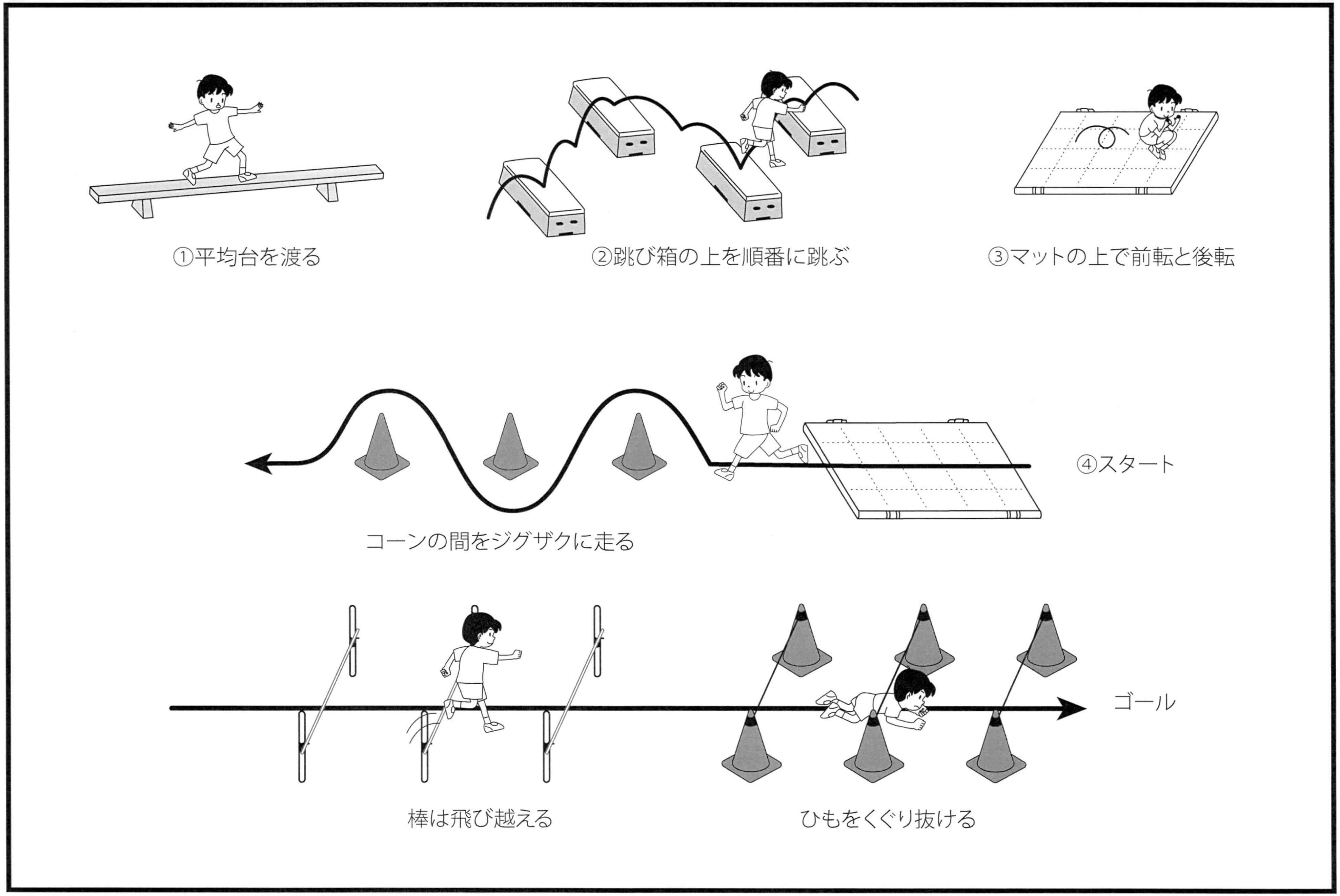

☆南山大学附属小学校

2021年度 愛知私立 過去 無断複製／転載を禁ずる 日本学習図書株式会社

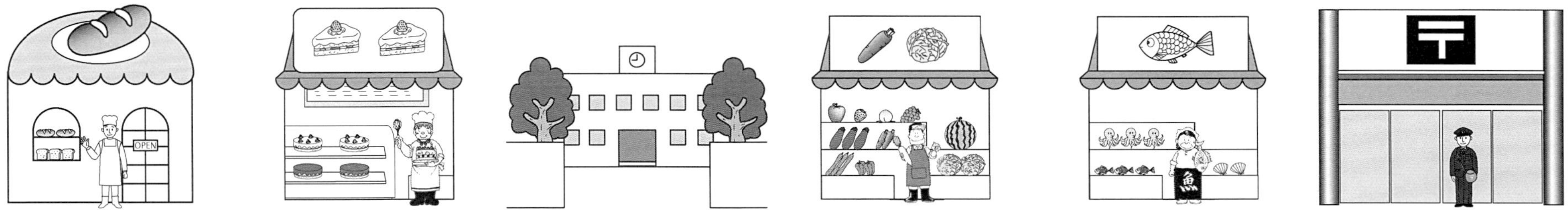

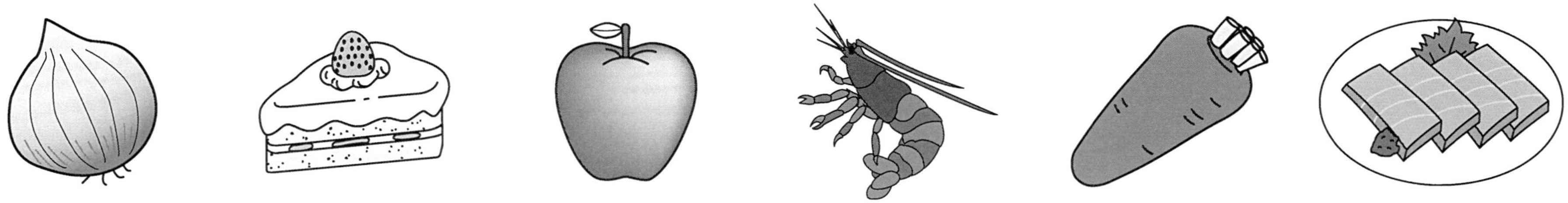

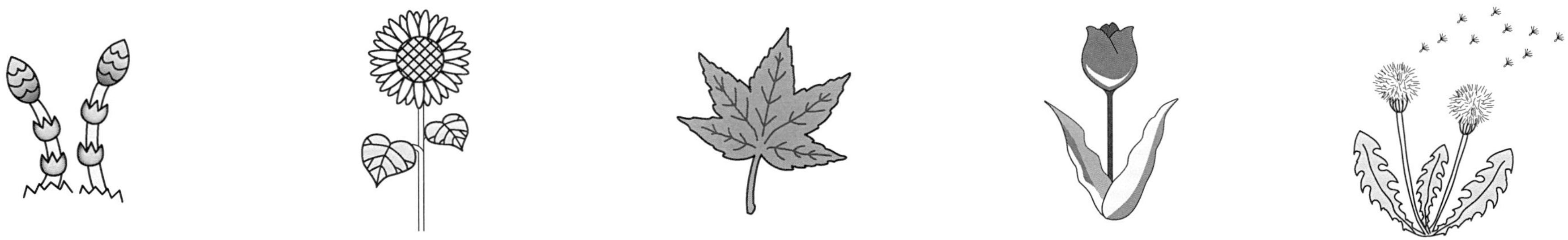

問題１７－１

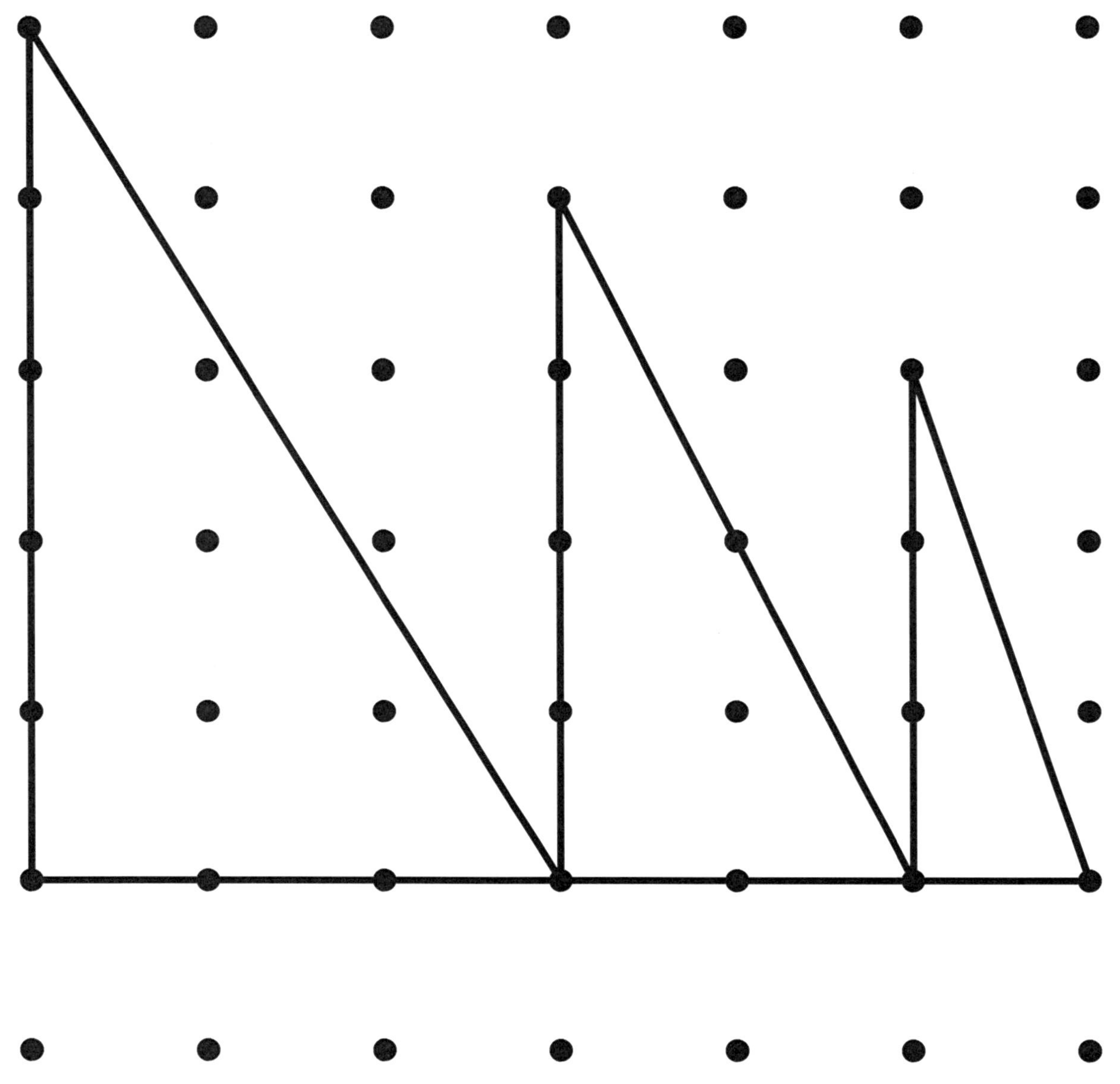

☆南山大学附属小学校

2021年度 愛知私立 過去 無断複製／転載を禁ずる 日本学習図書株式会社

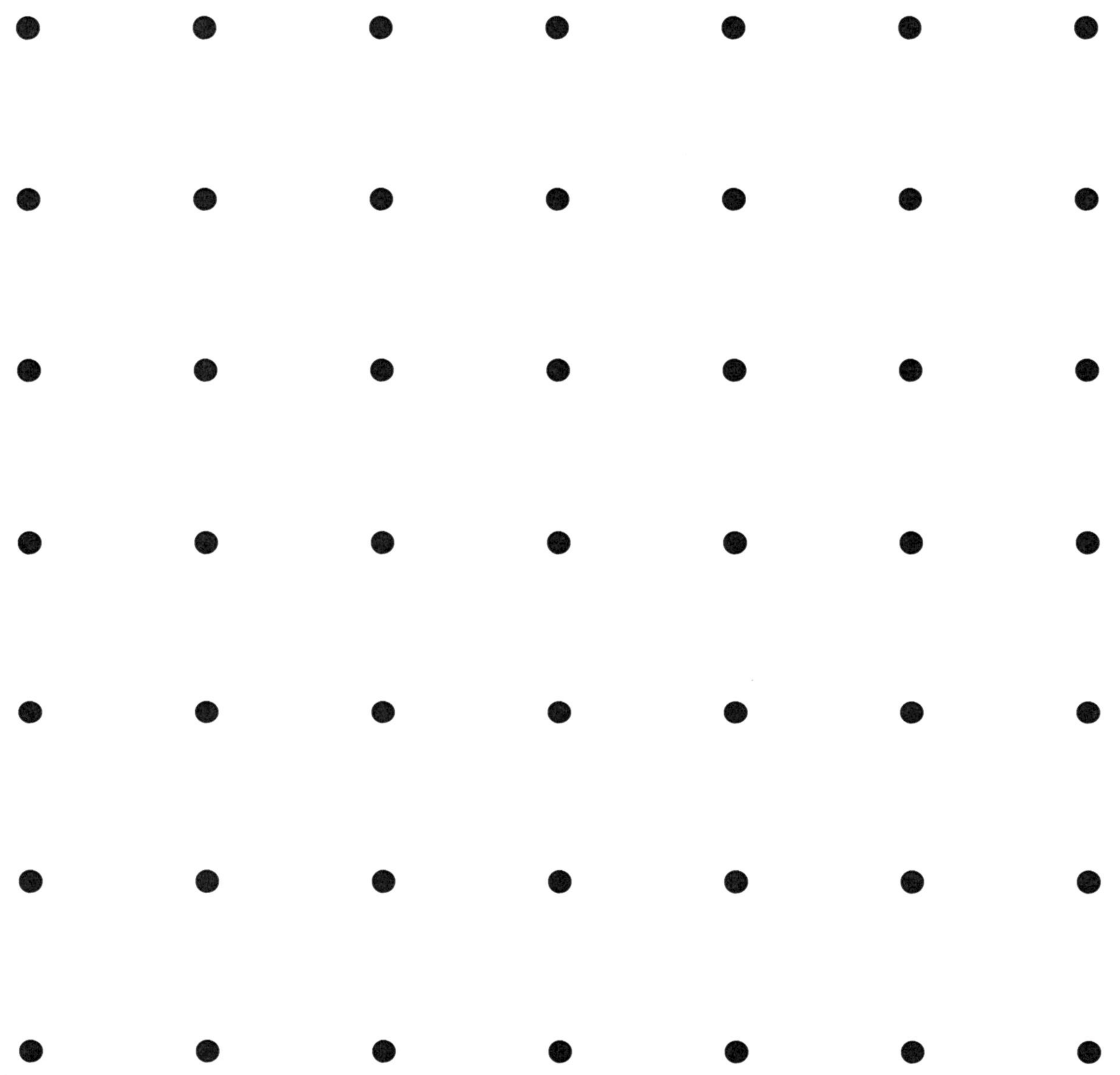

問題18－1

— 15 —

2021年度　愛知私立　過去　無断複製／転載を禁ずる

日本学習図書株式会社

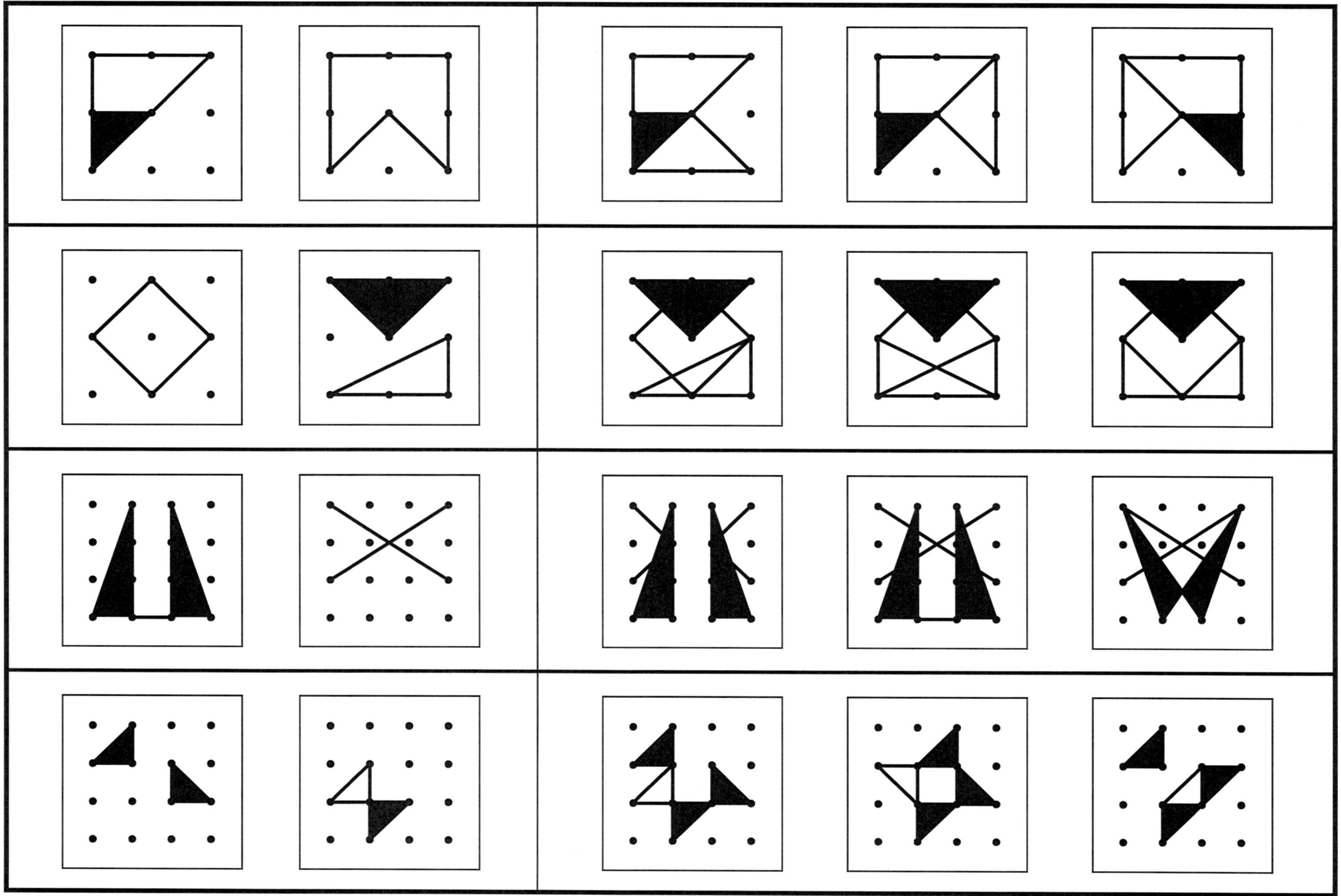

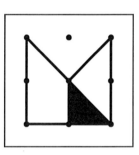

2021年度 愛知私立 過去 無断複製／転載を禁ずる 日本学習図書株式会社

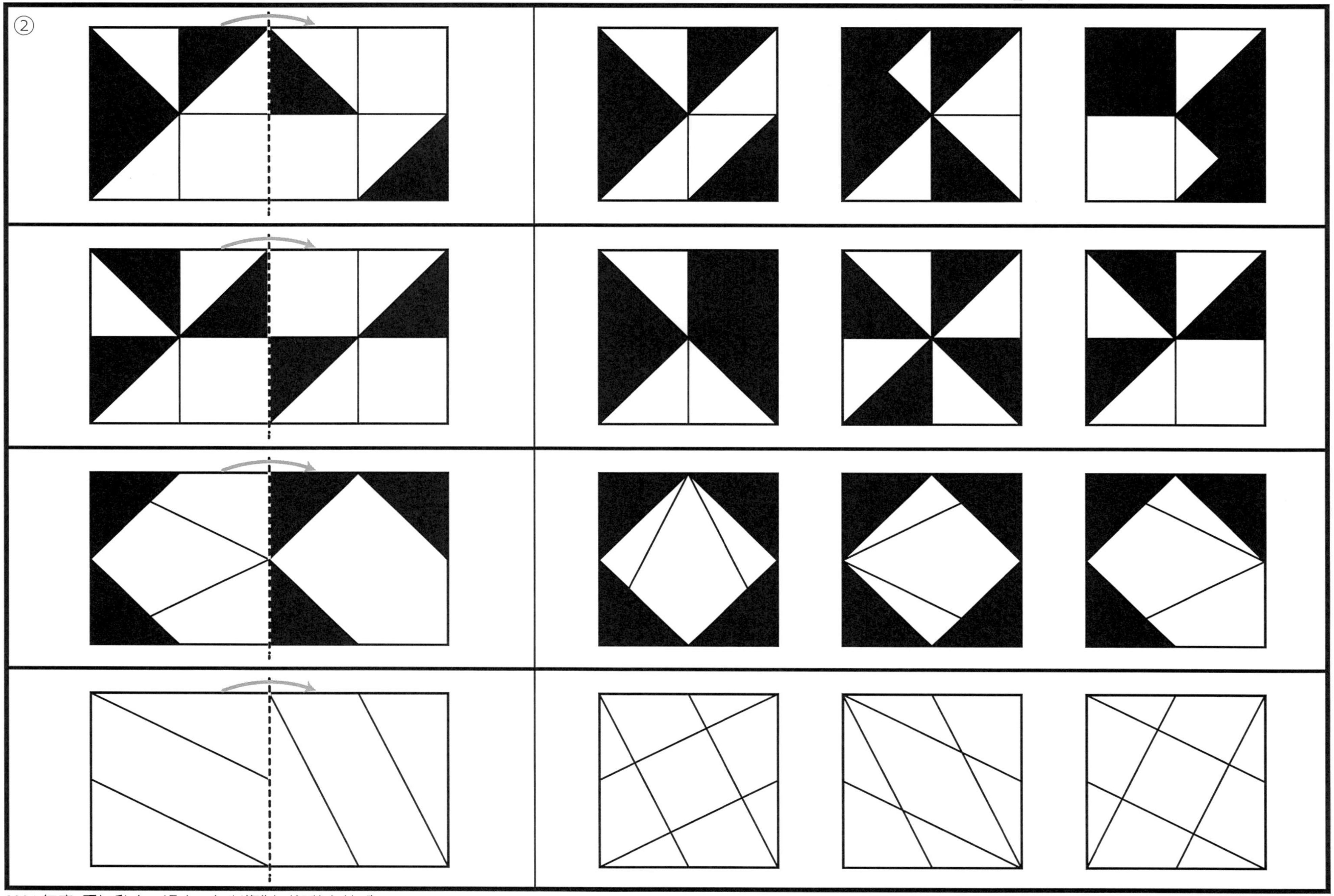

☆南山大学附属小学校

問題１９

①

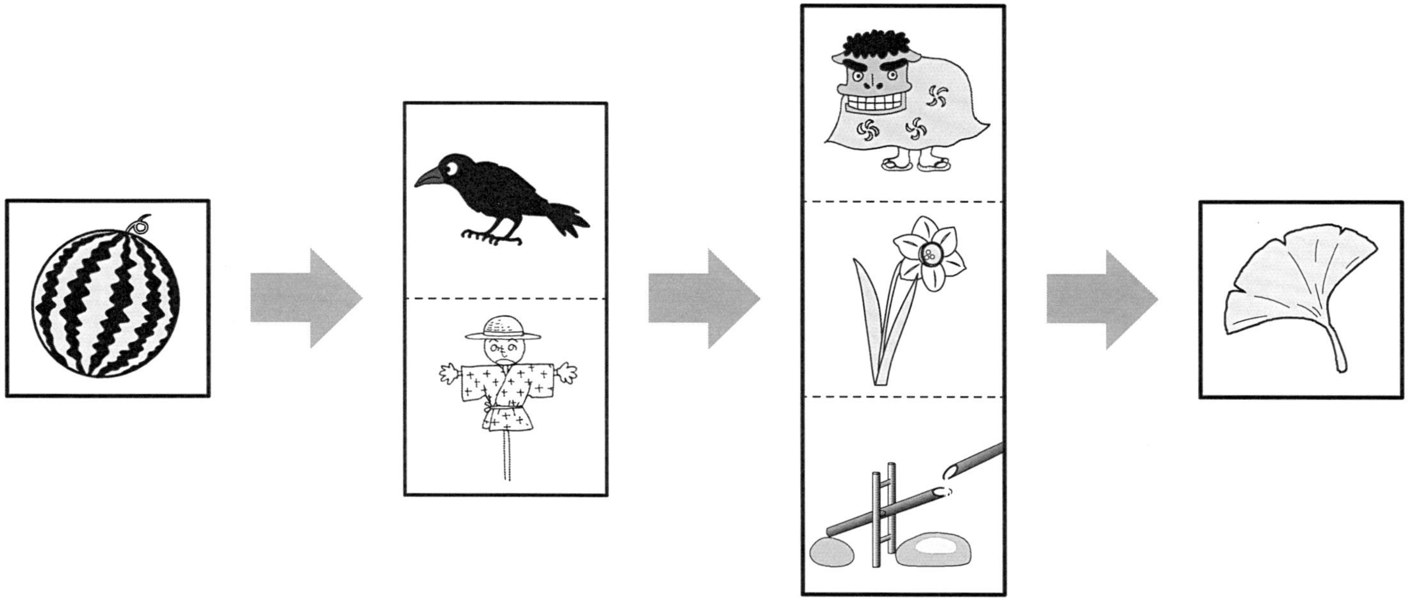

②

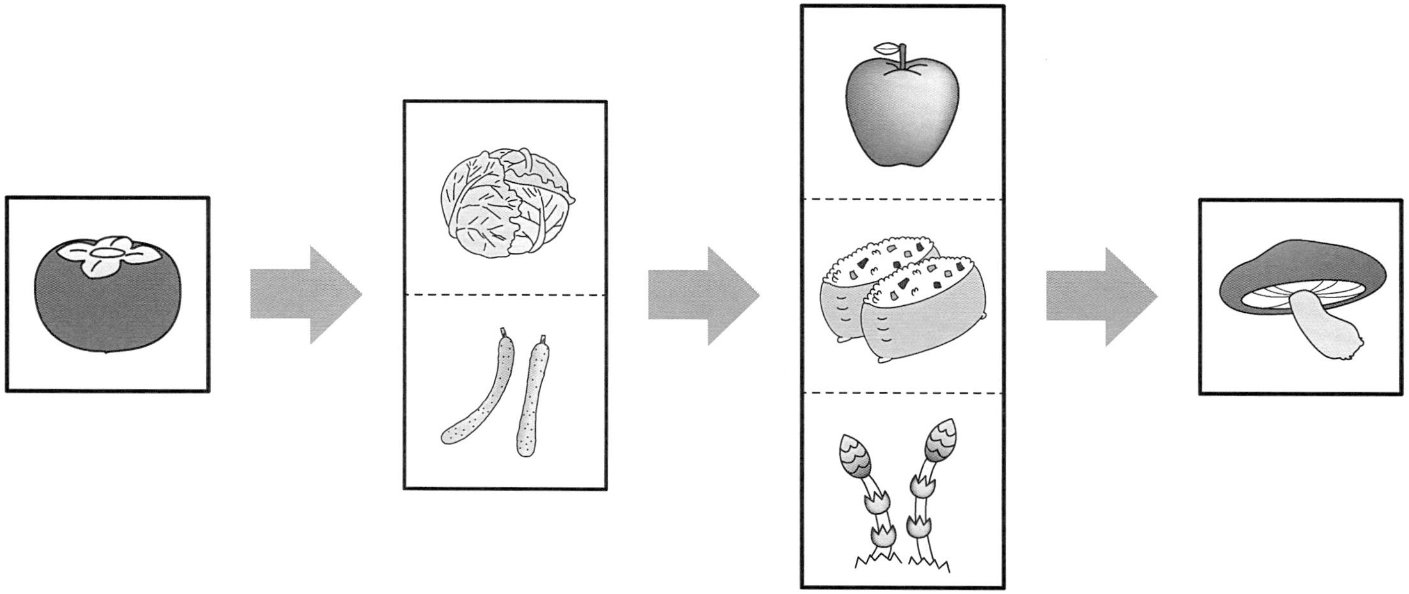

問題２０

☆名進研小学校

問題２１

①

②

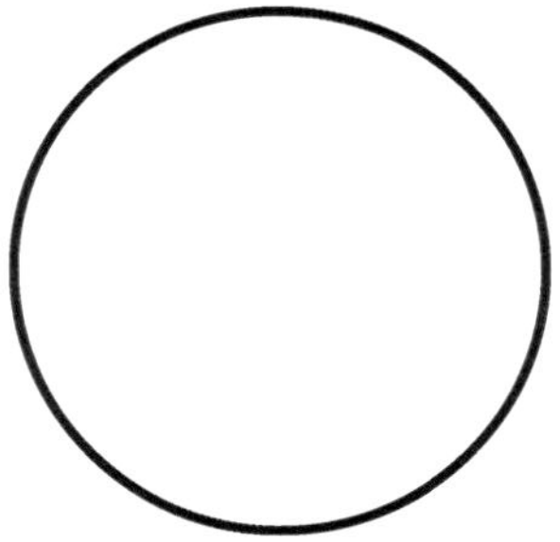

③

④

日本学習図書株式会社

①

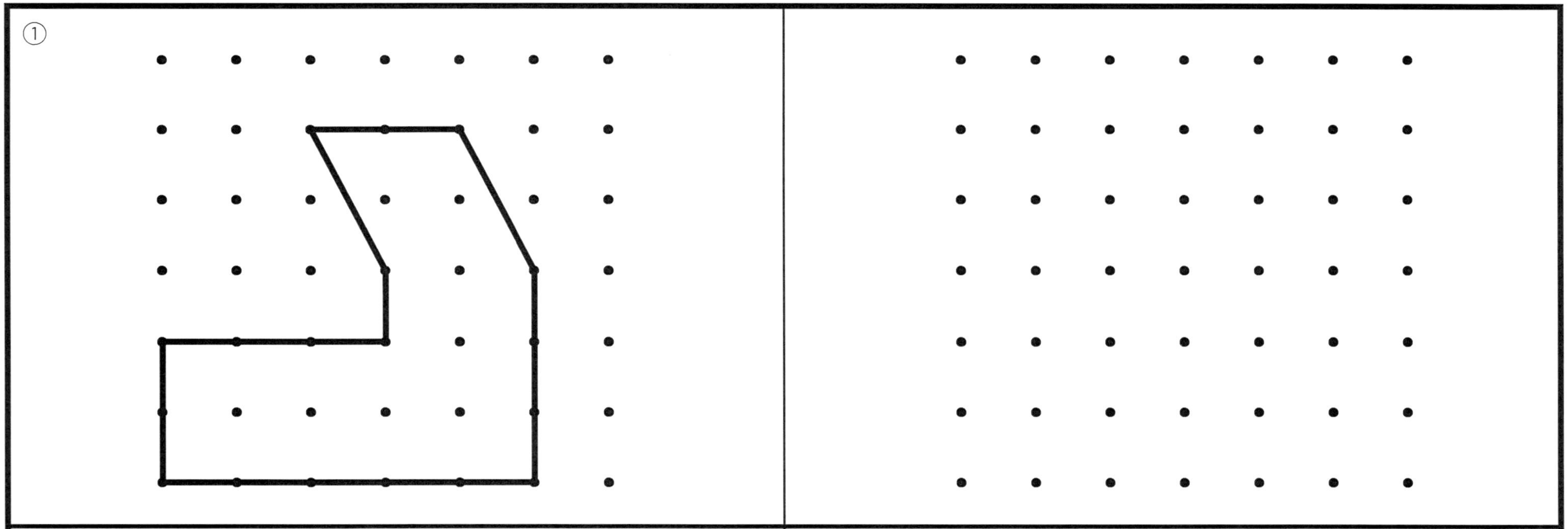

②

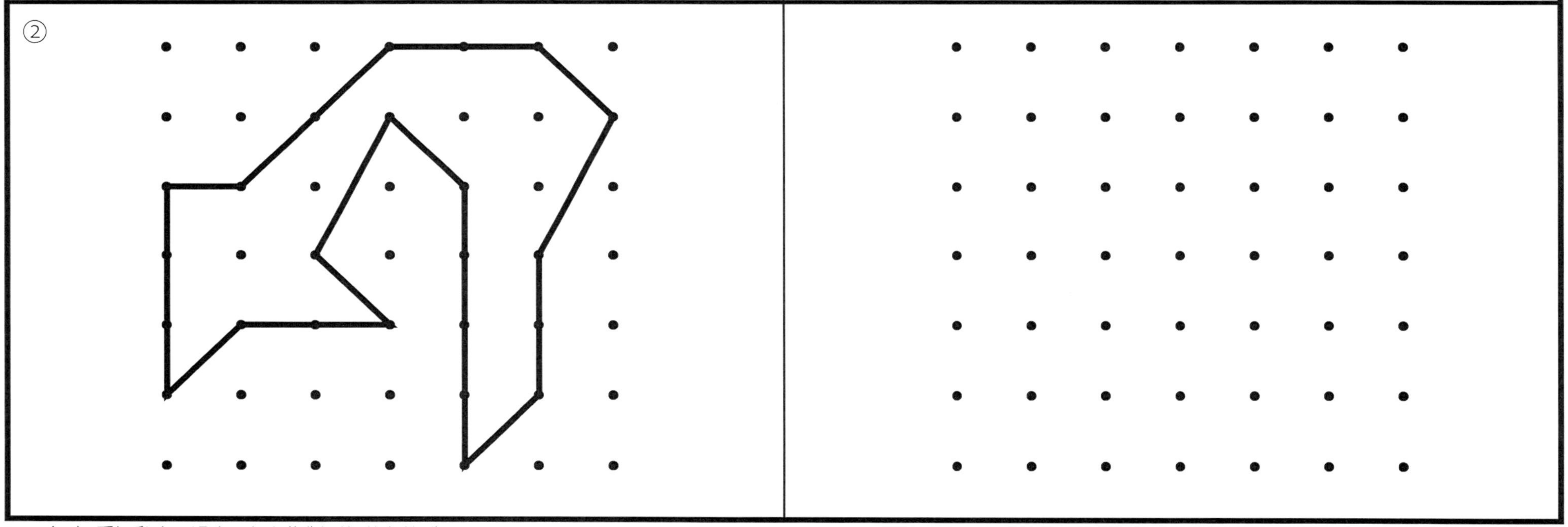

日本学習図書株式会社

☆名進研小学校

③

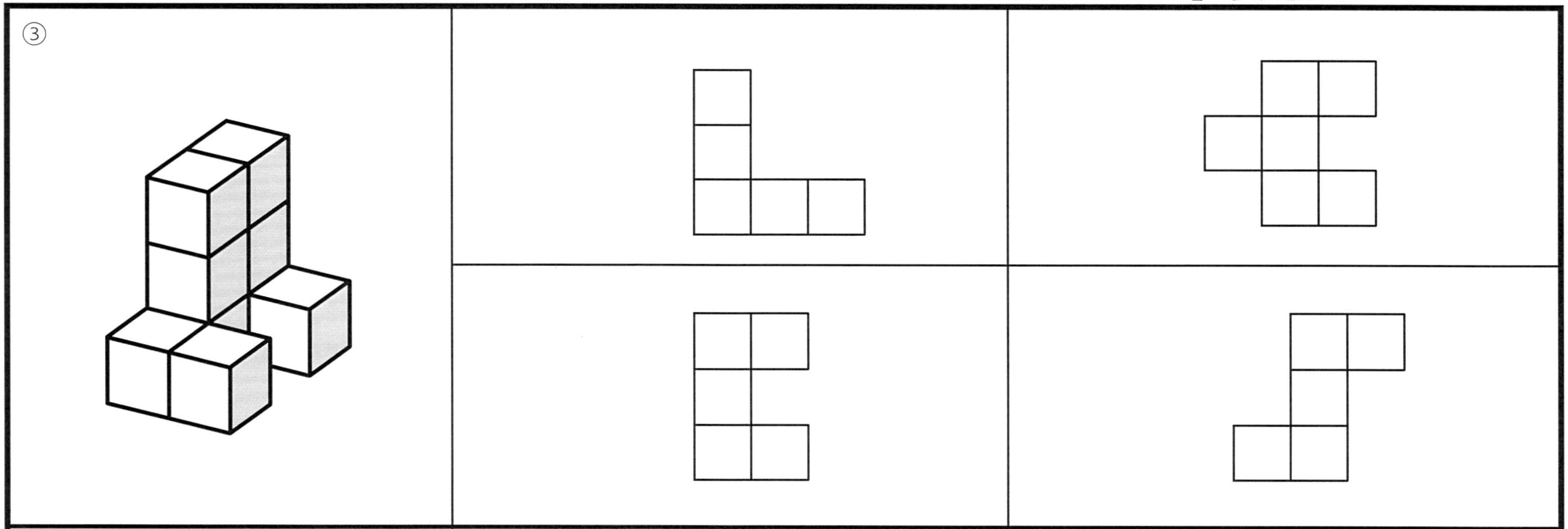

④

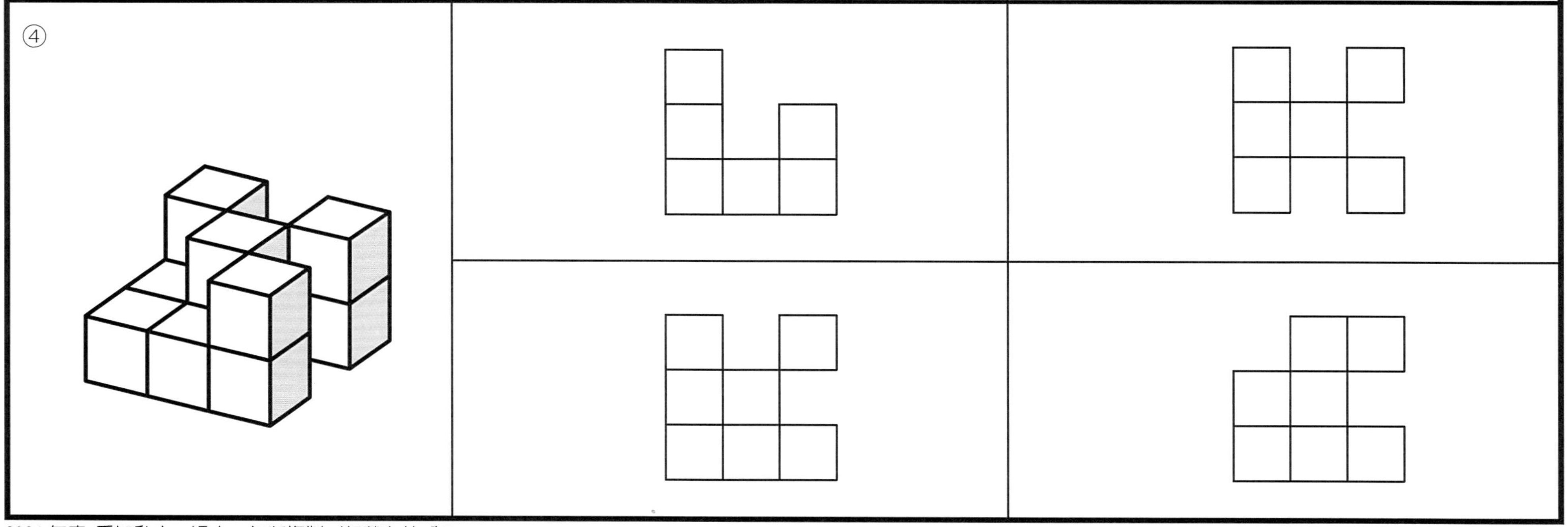

問題２３

☆名進研小学校

① 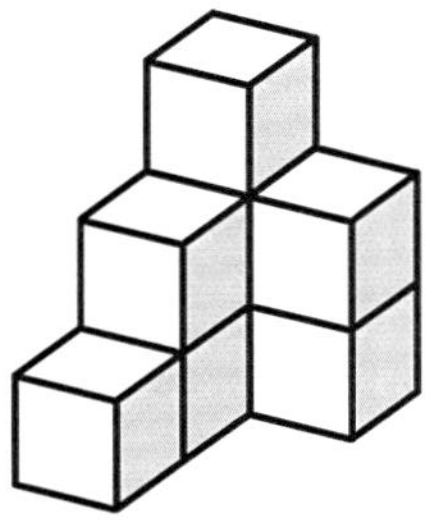	
② 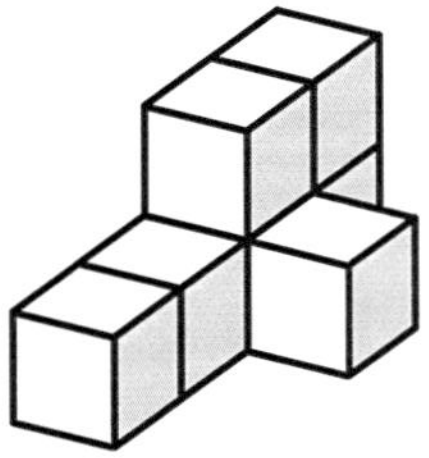	
③ 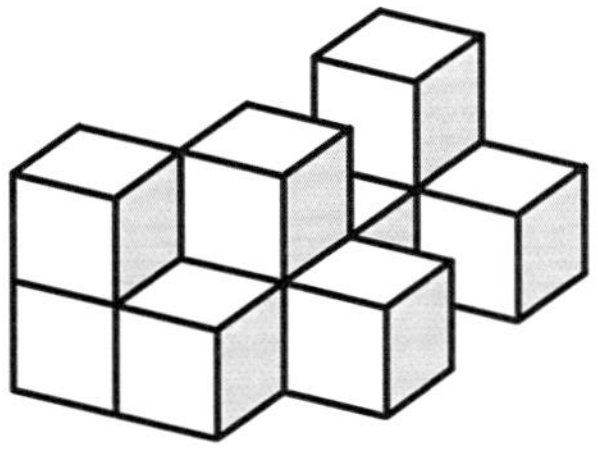	
④ 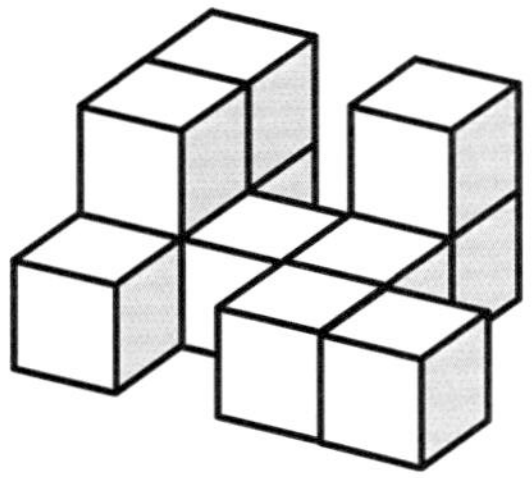	

日本学習図書株式会社

問題２４

①

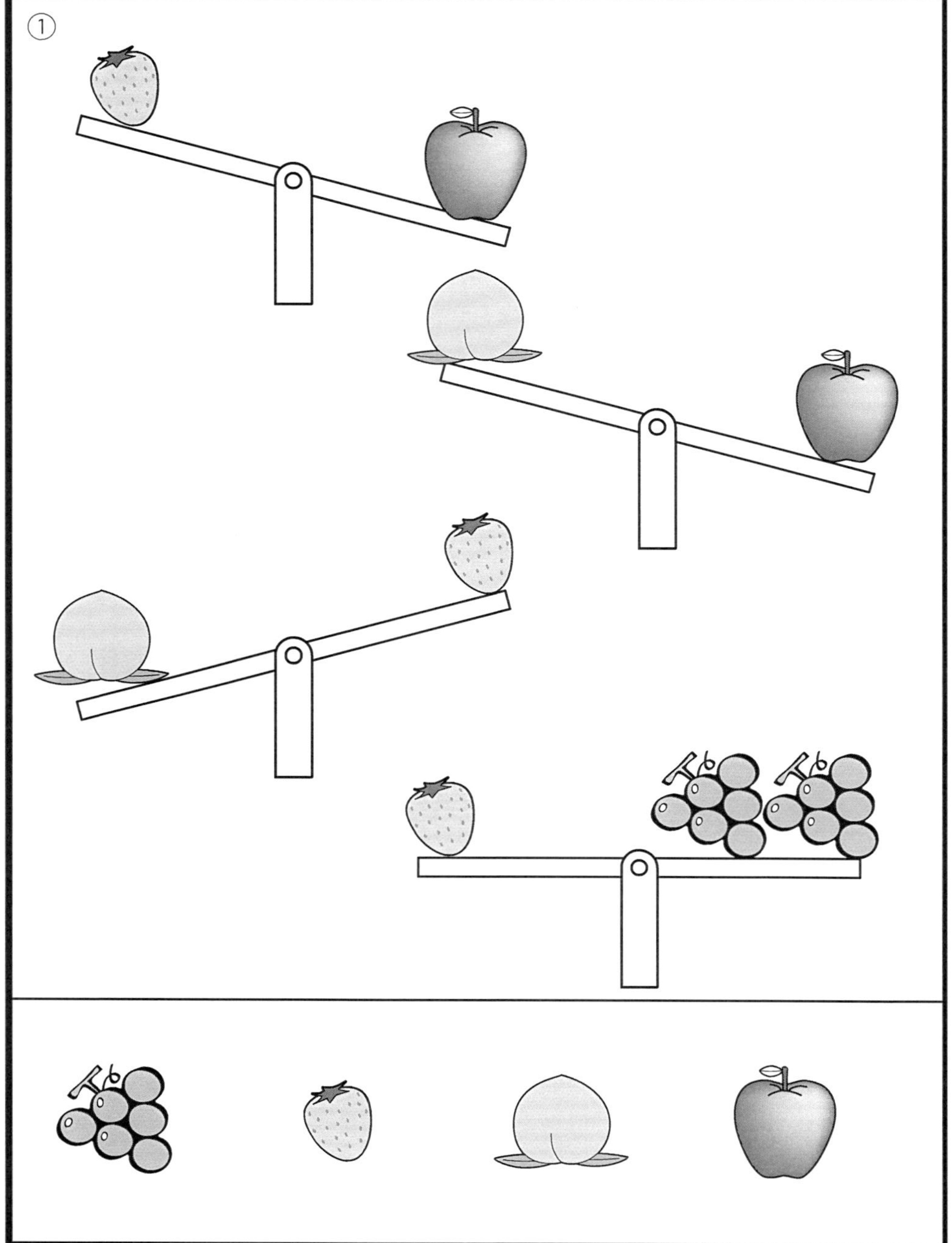

②

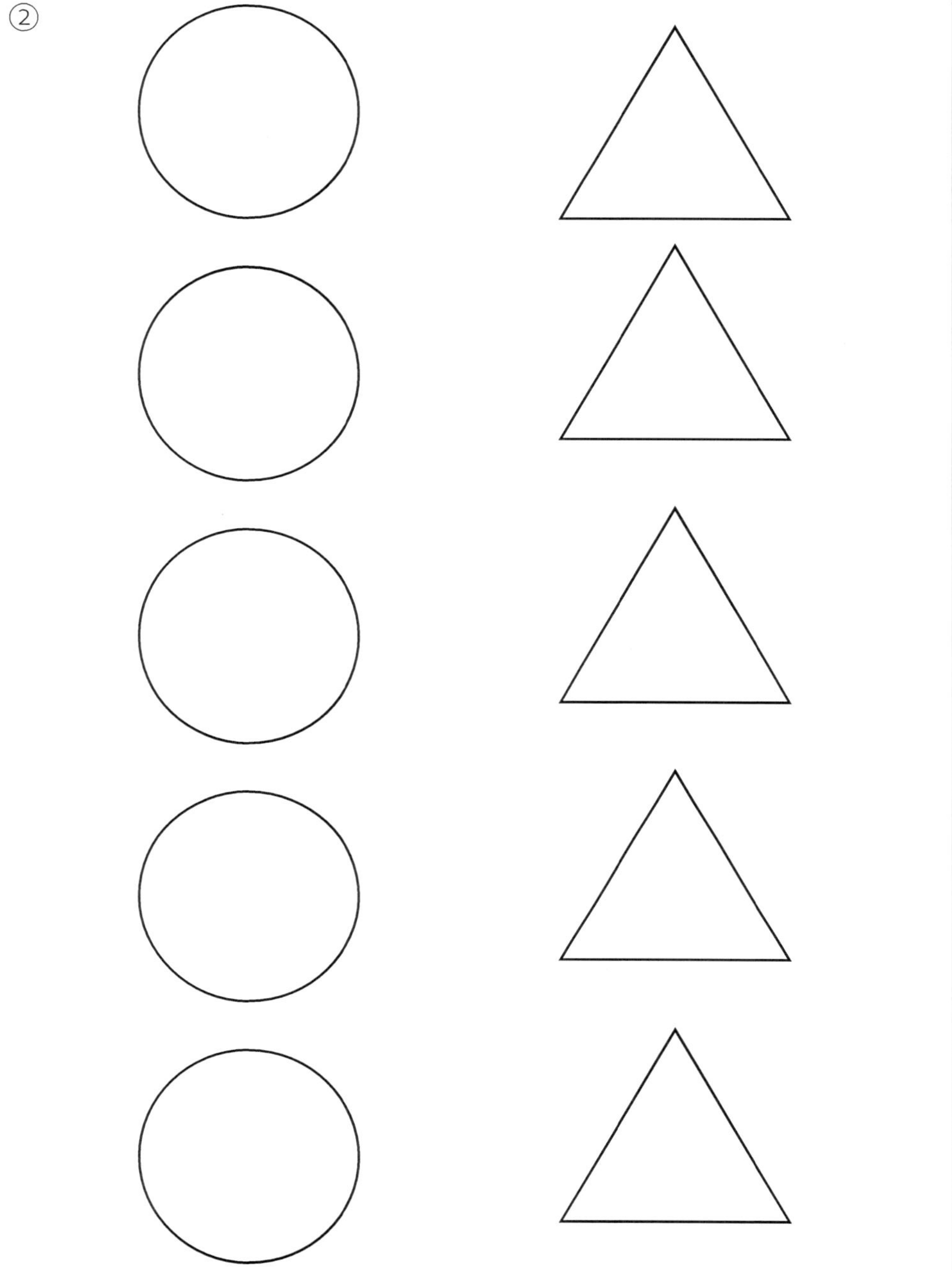

日本学習図書株式会社

☆名進研小学校

問題２５

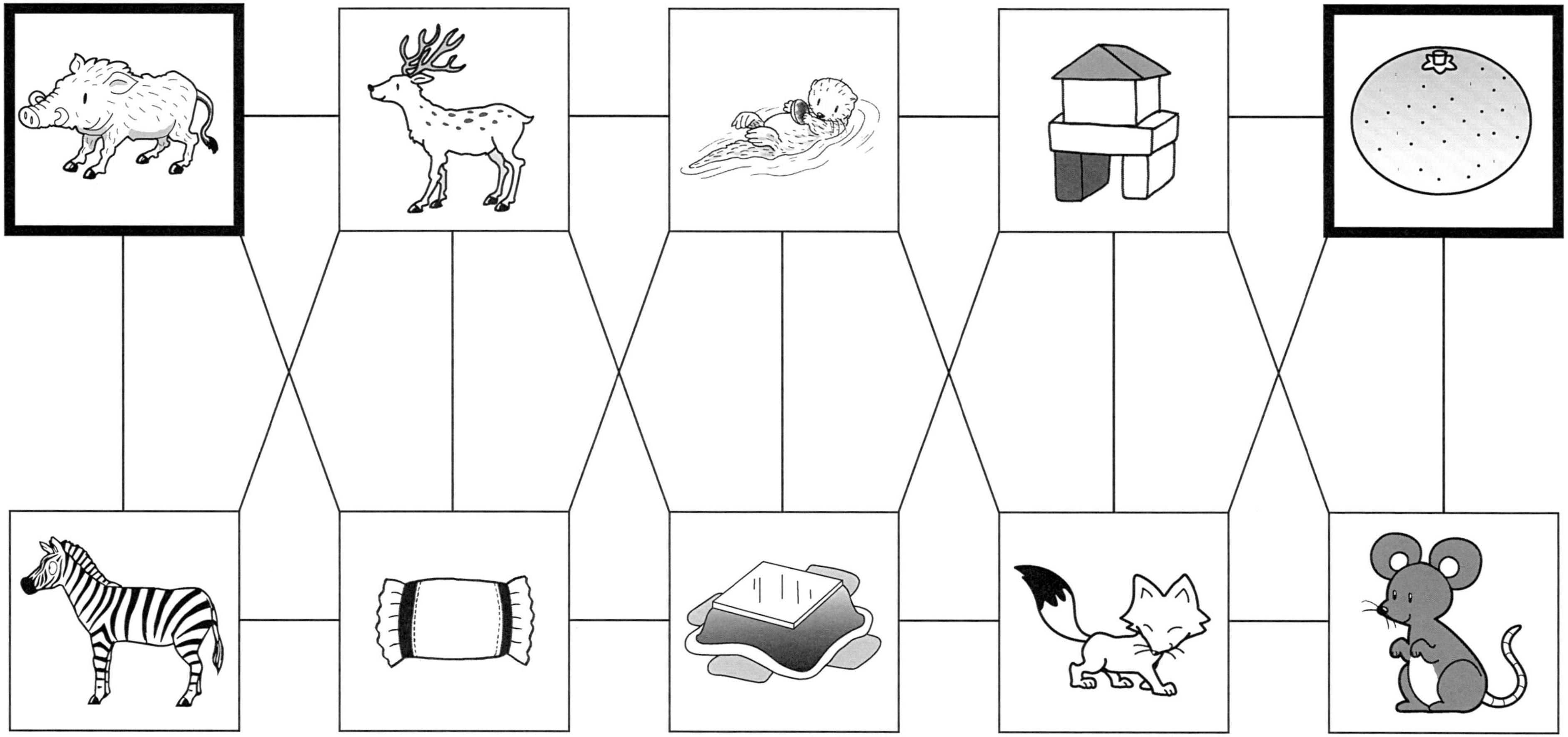

問題２６－１

①

②

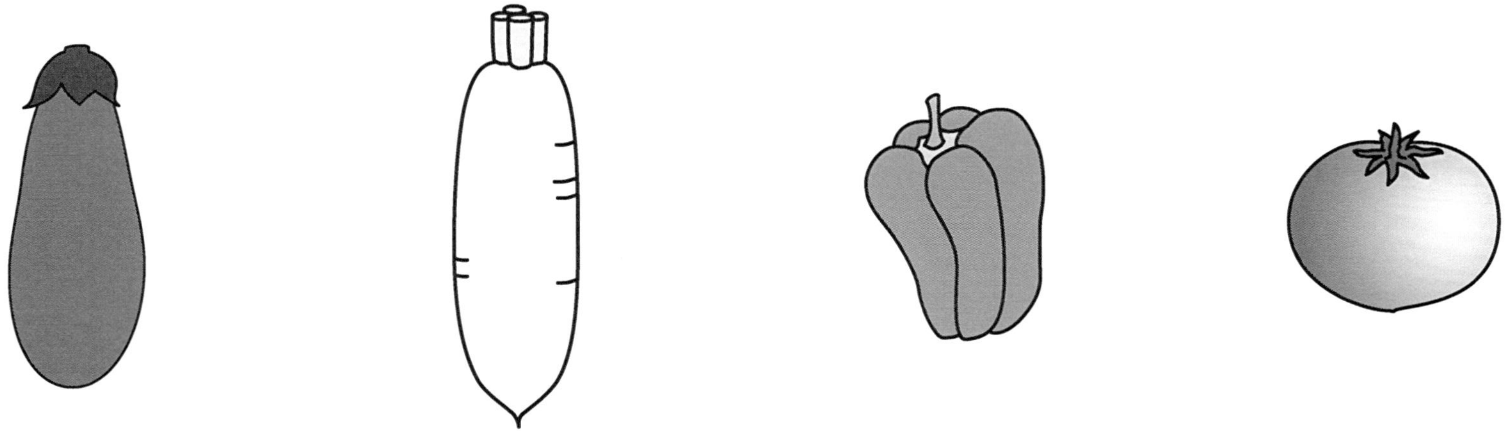

問題２６－２

③

④

☆名進研小学校

問題２６－３

⑤

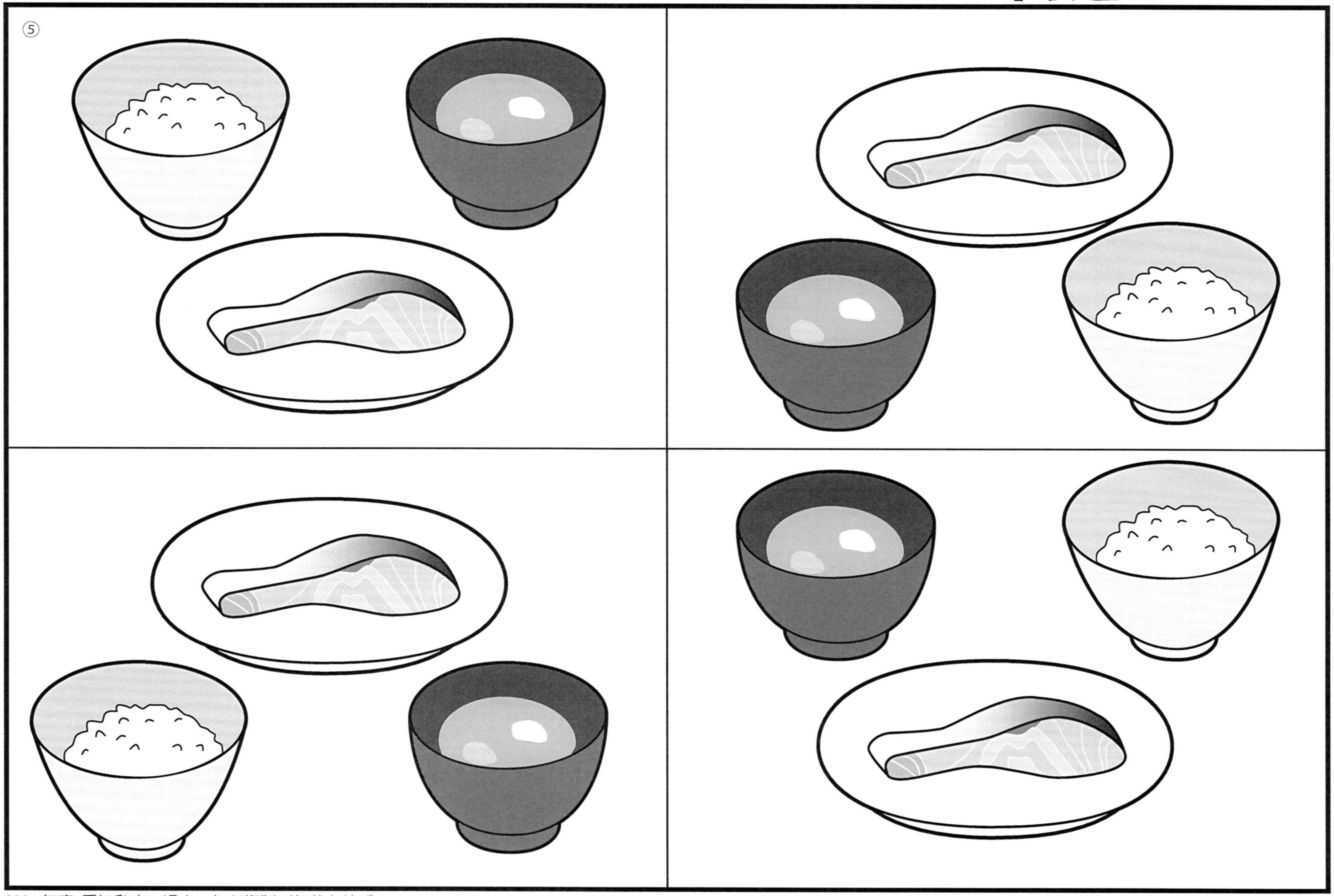

問題２７－１

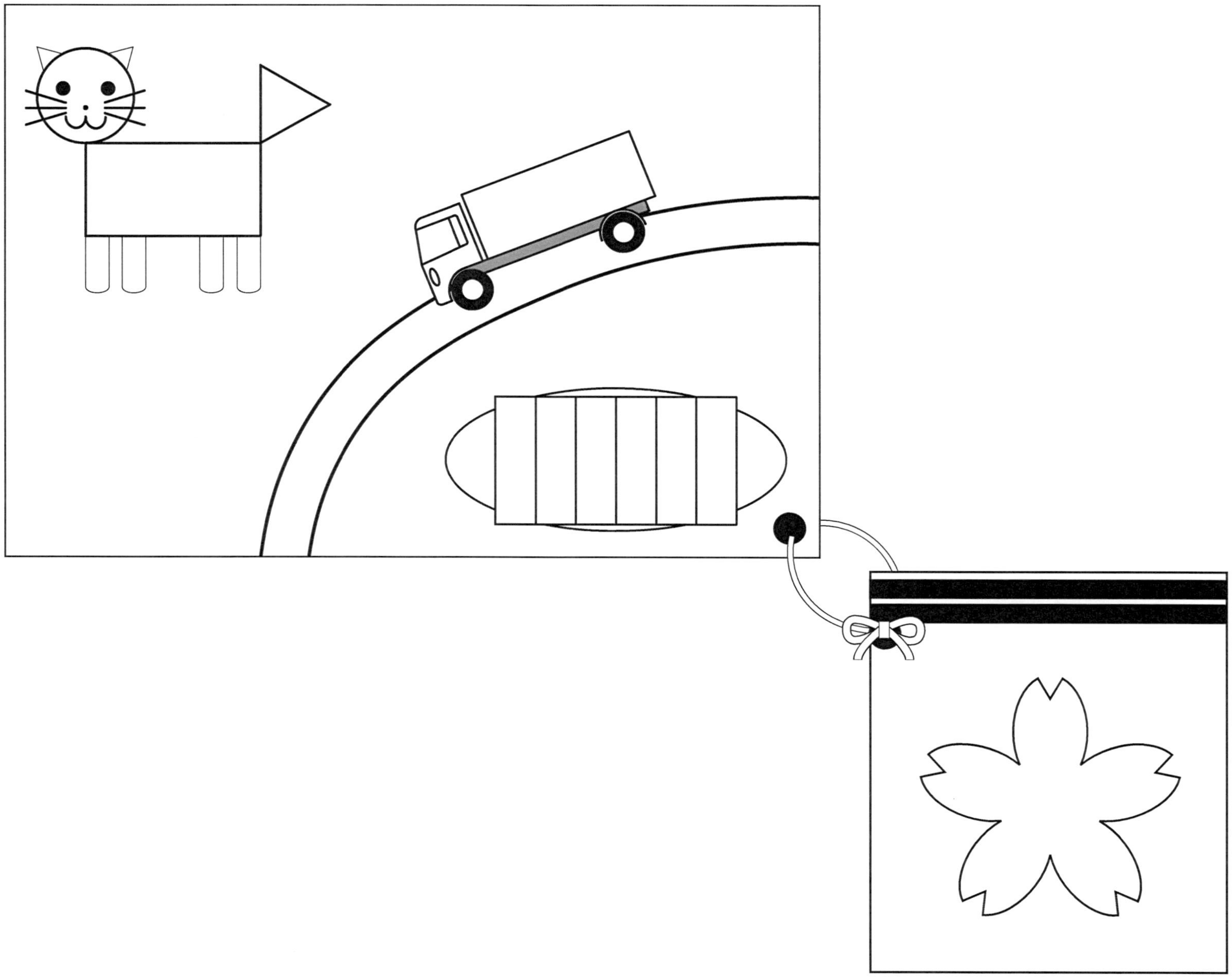

☆名進研小学校

問題２７－２

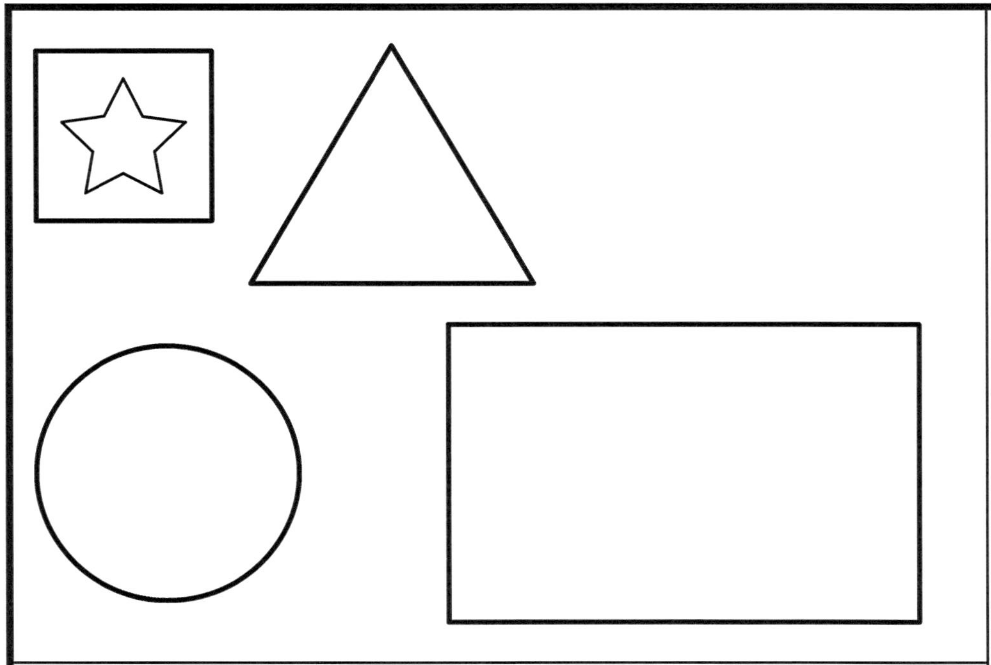

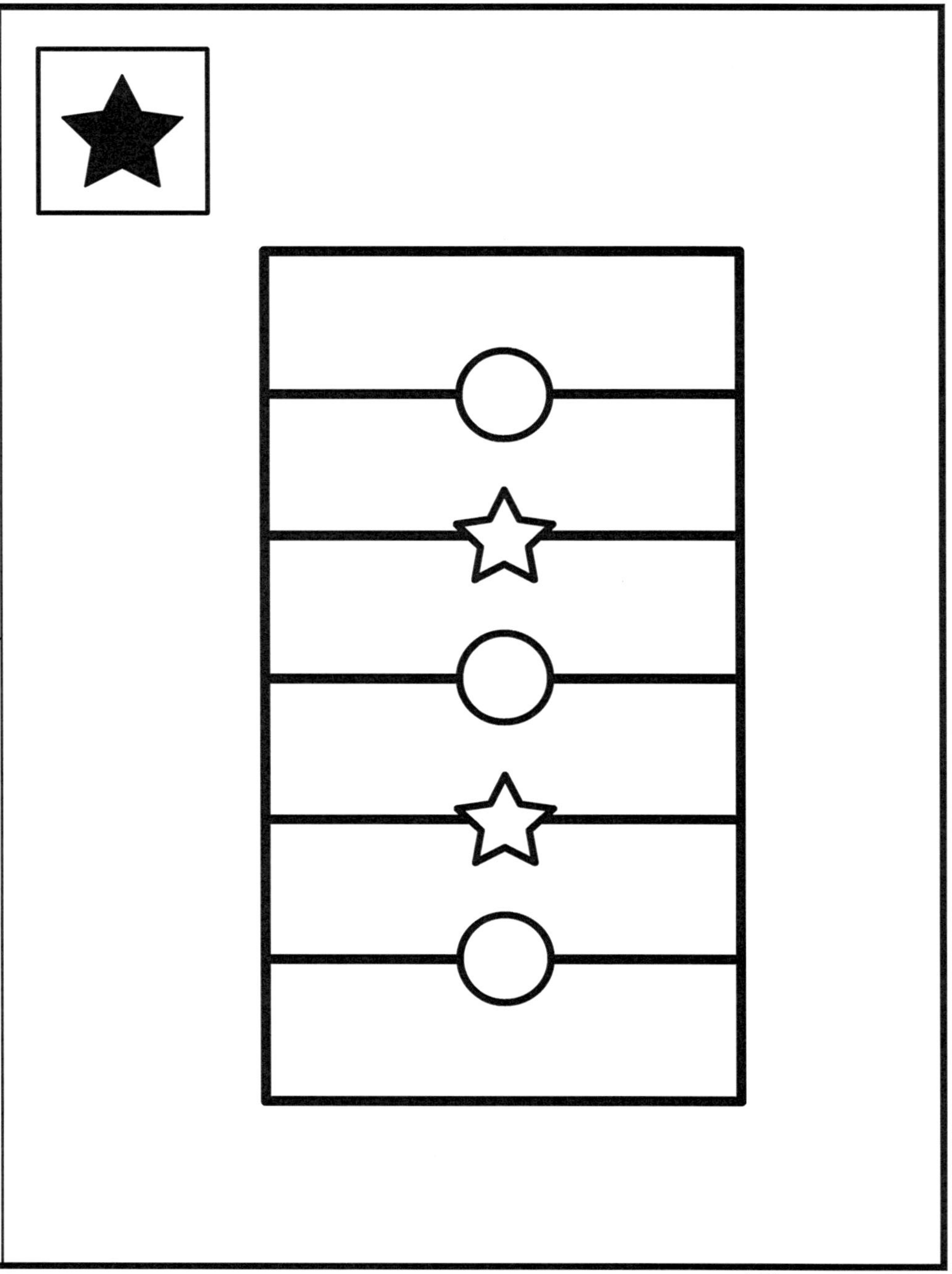

日本学習図書株式会社

問題29

☆名進研小学校

①

②

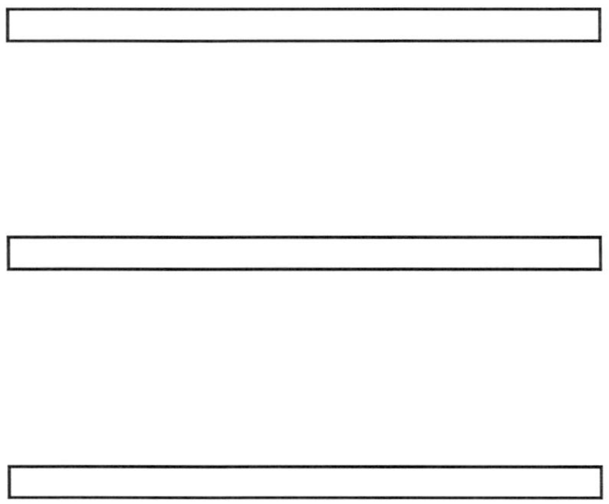

③

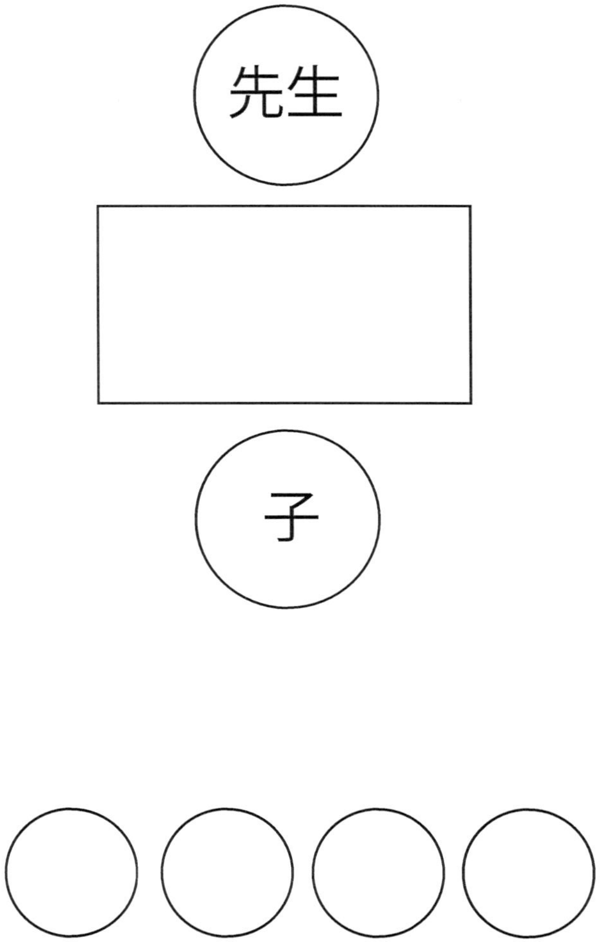

☆名進研小学校

問題31－1

①

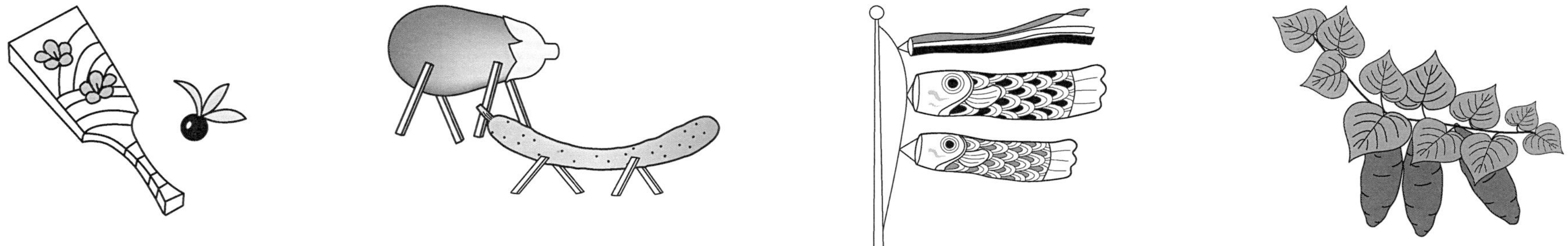

②

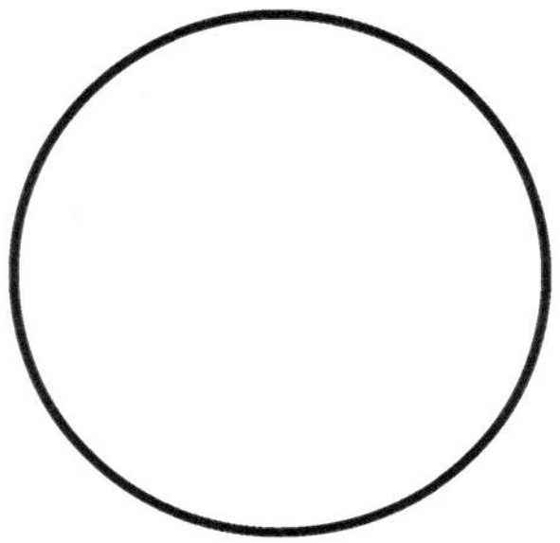

③

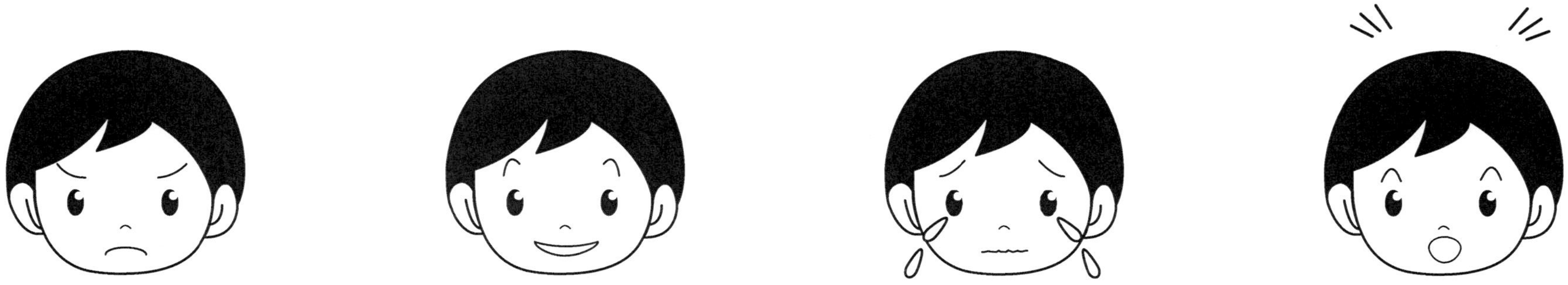

日本学習図書株式会社

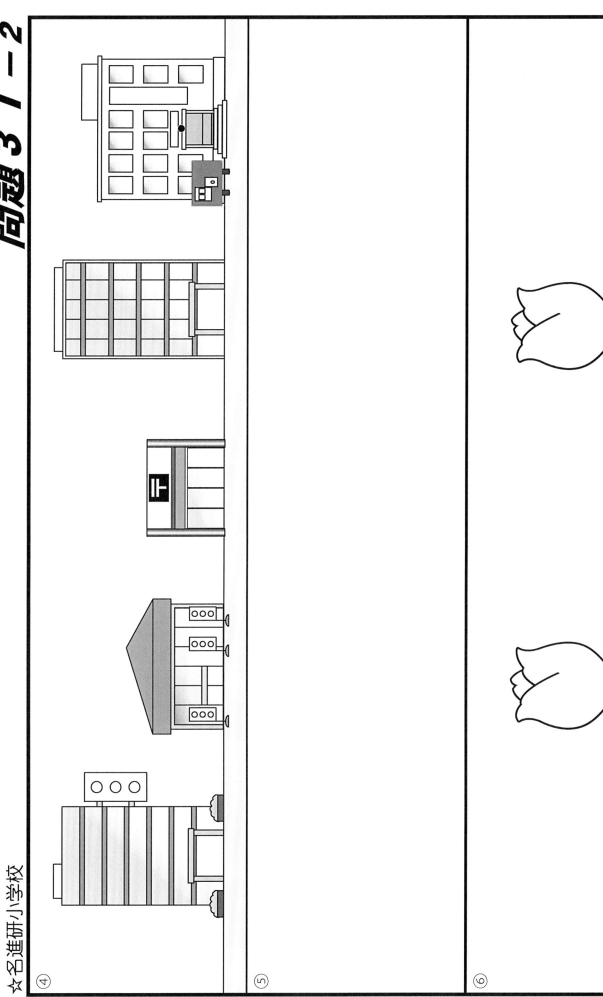

☆名進研小学校

問題３ １－２

④

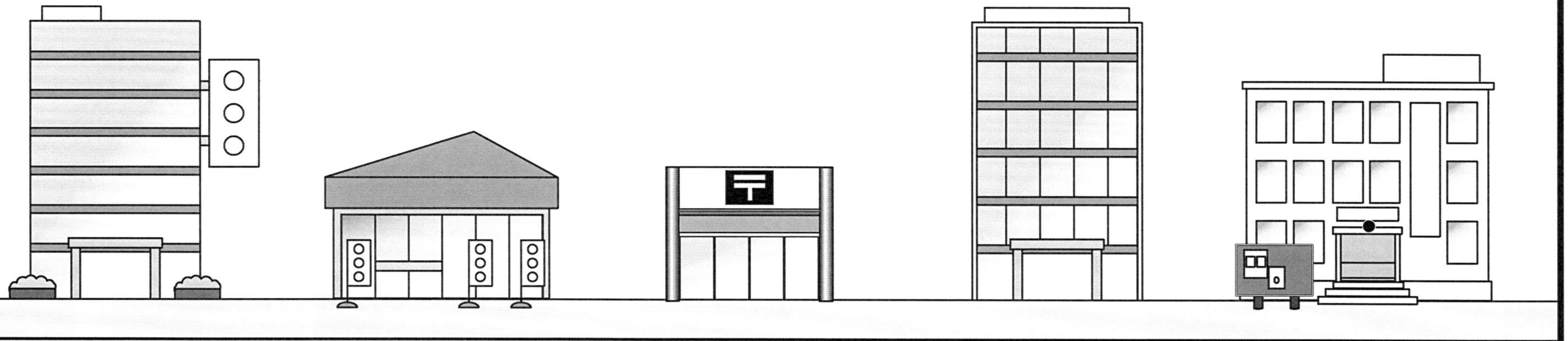

⑤

⑥

問題３２

①

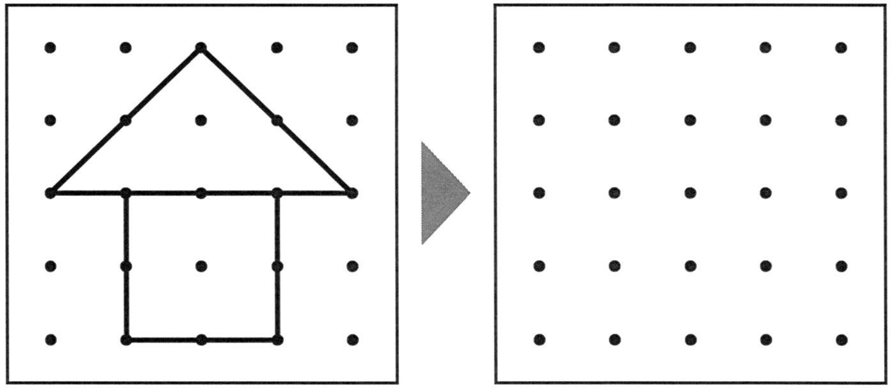

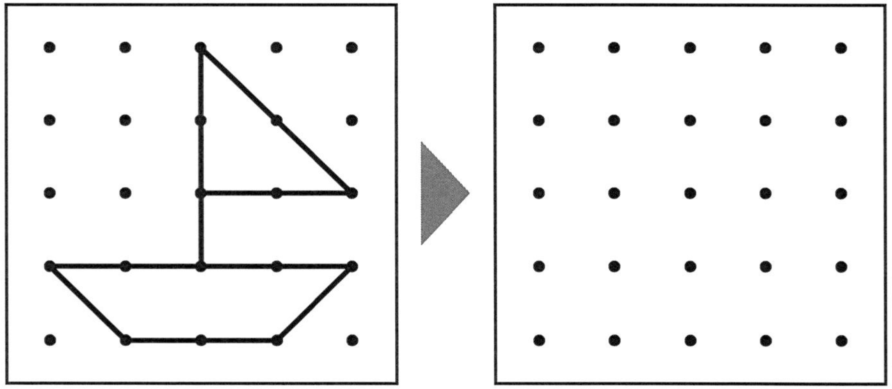

②

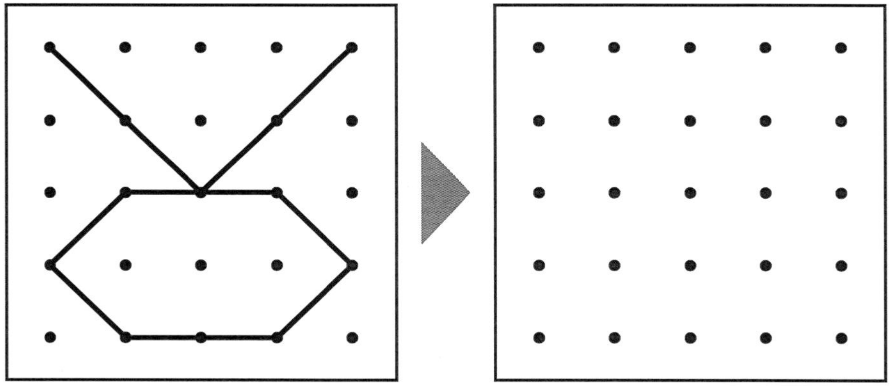

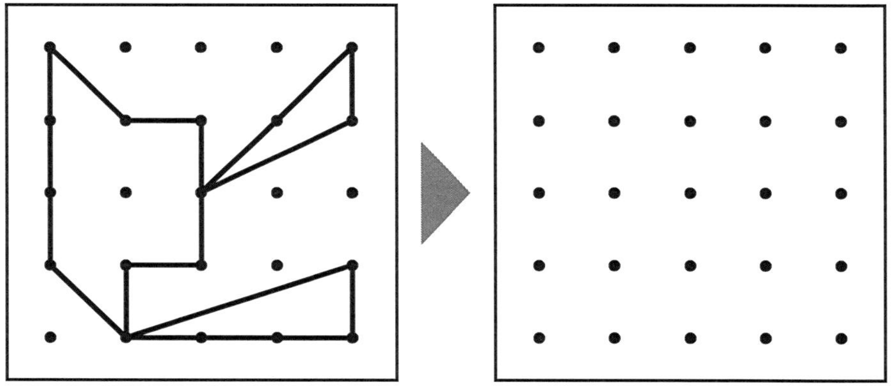

　

☆名進研小学校

問題３３－１

①

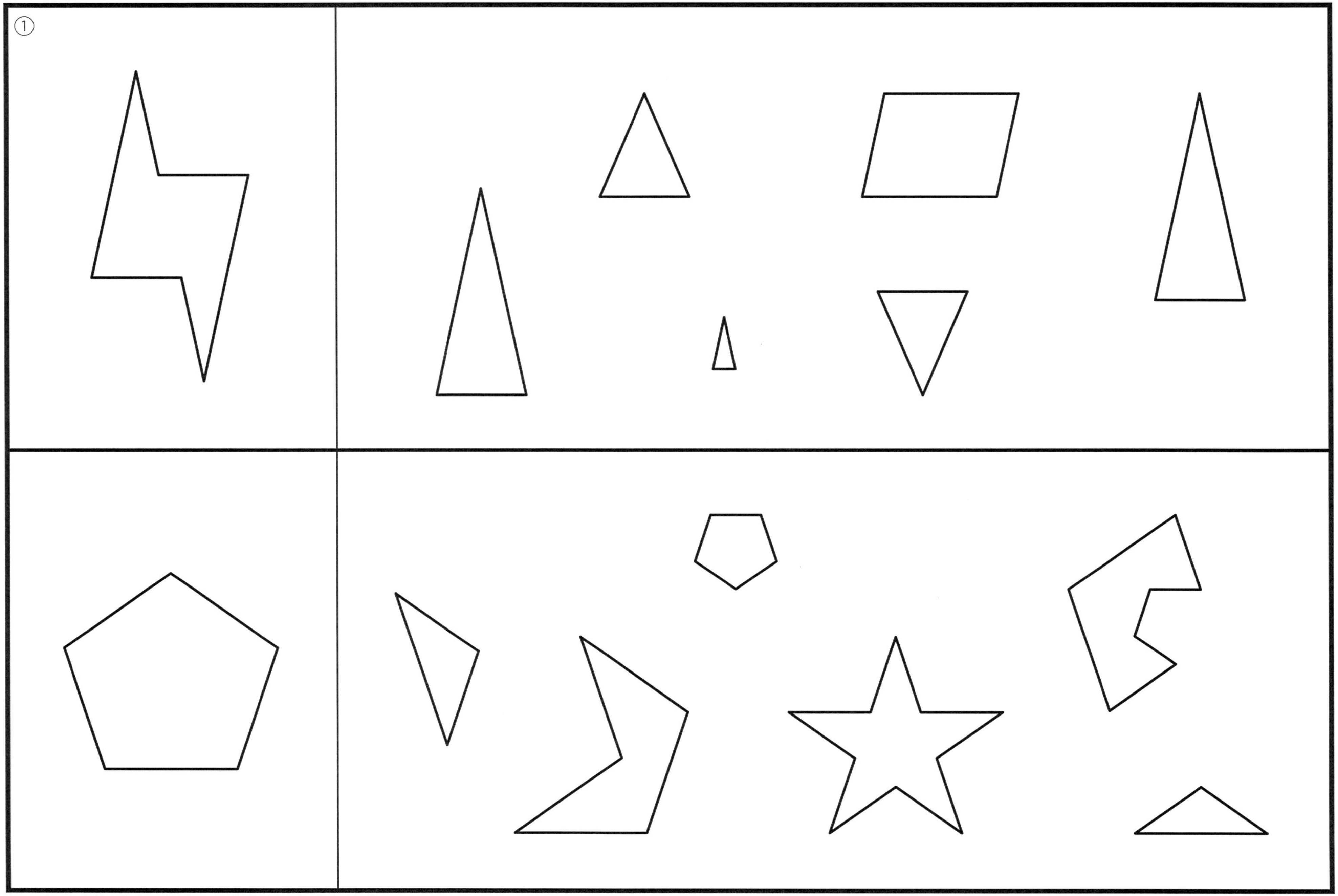

問題33-2

②

日本学習図書株式会社

2021年度　愛知私立　過去　無断複製／転載を禁ずる

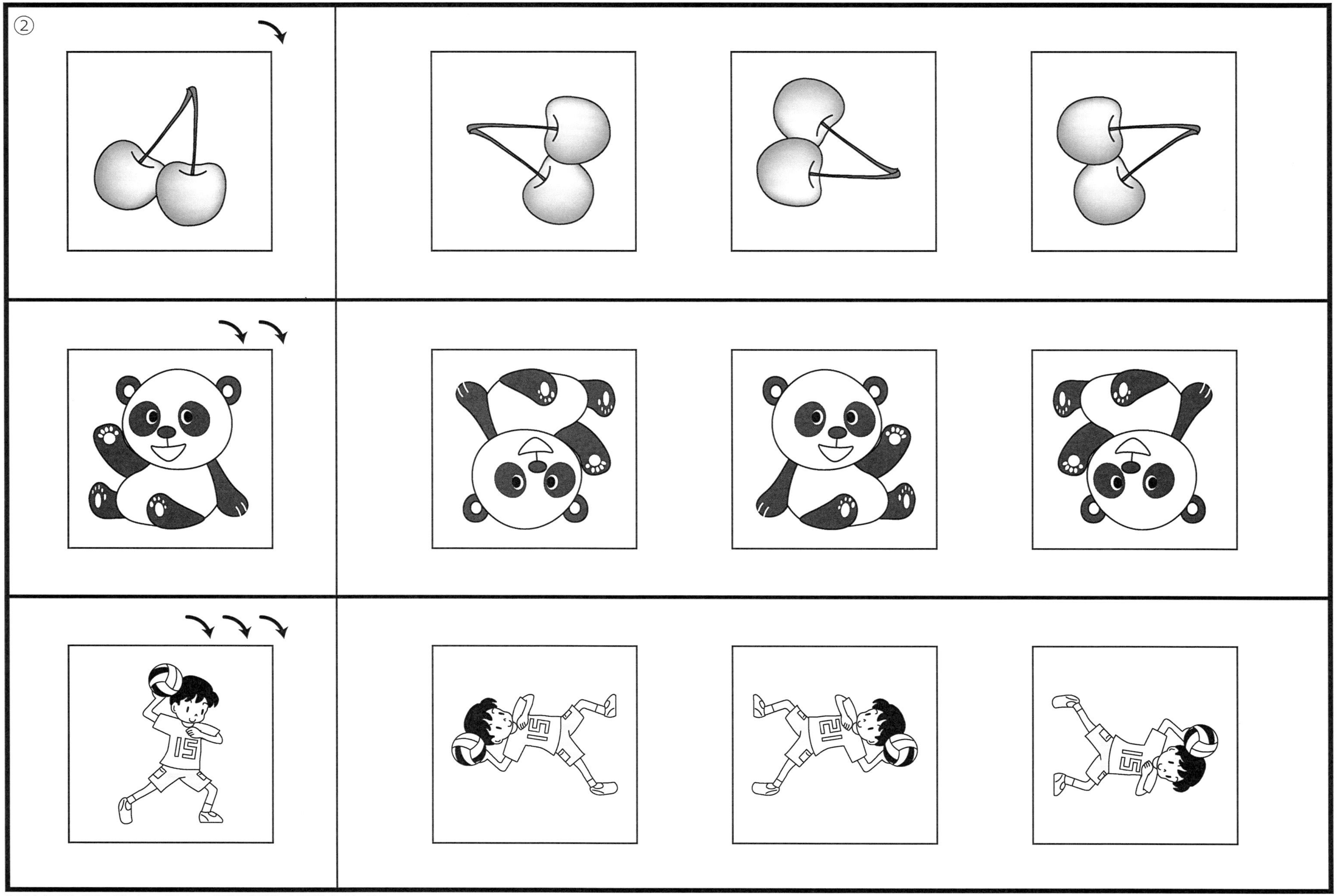

問題3 4－1

①

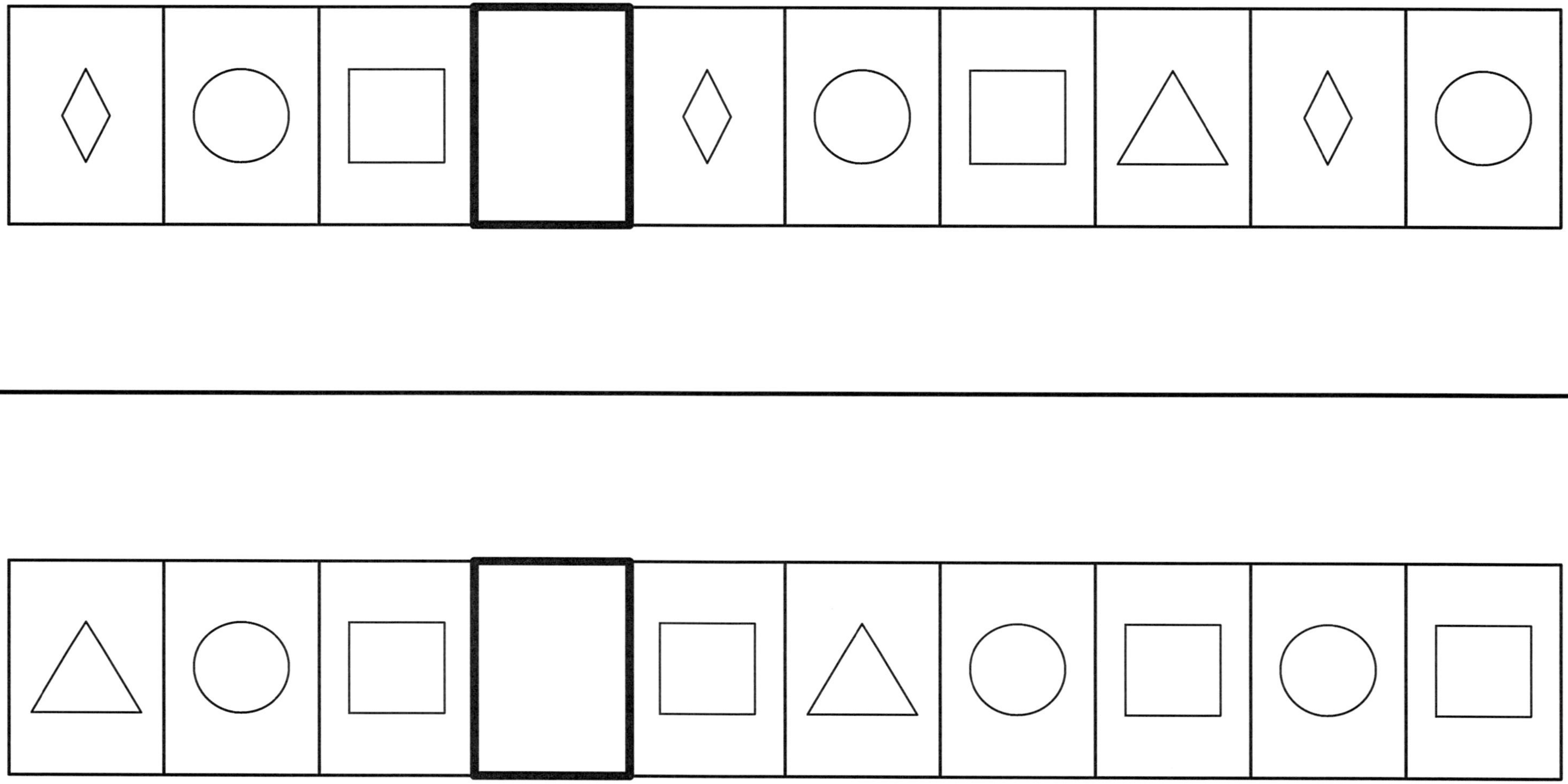

問題３４－２

②

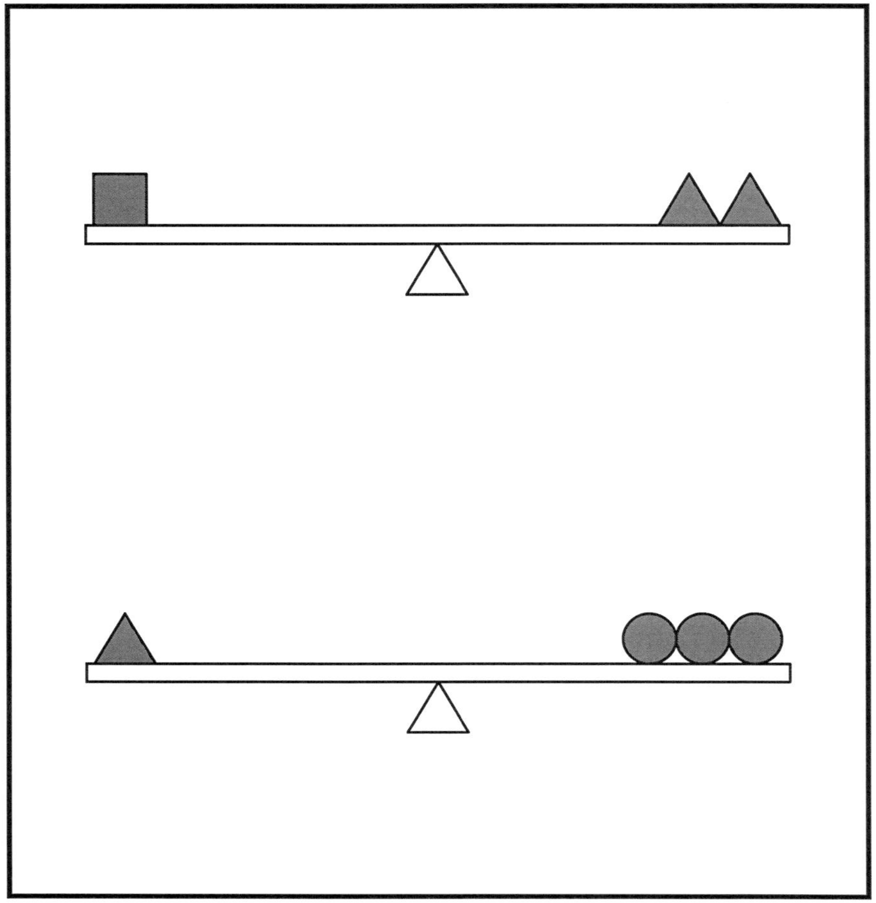

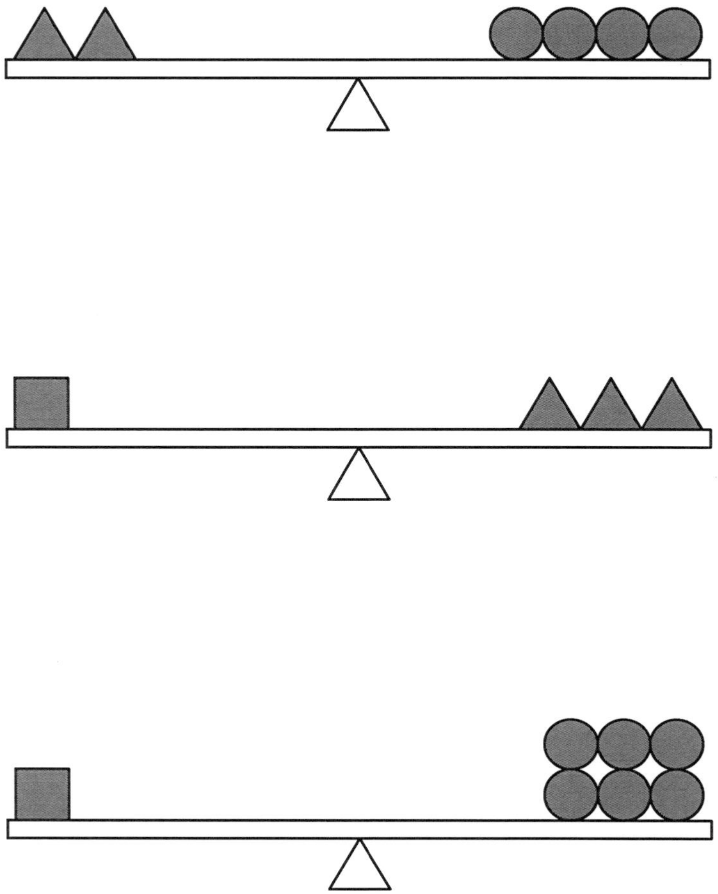

①

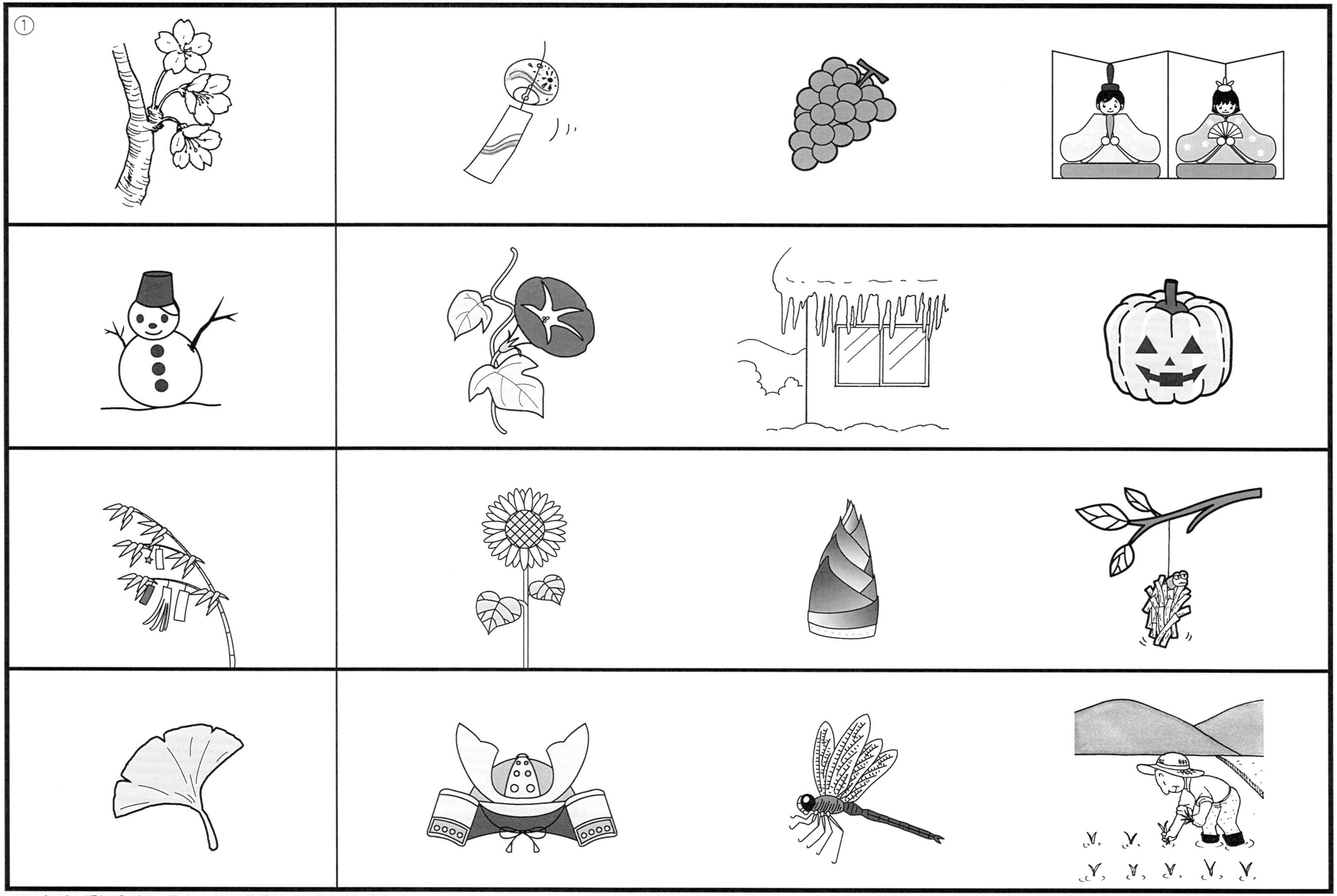

問題３５－２

②

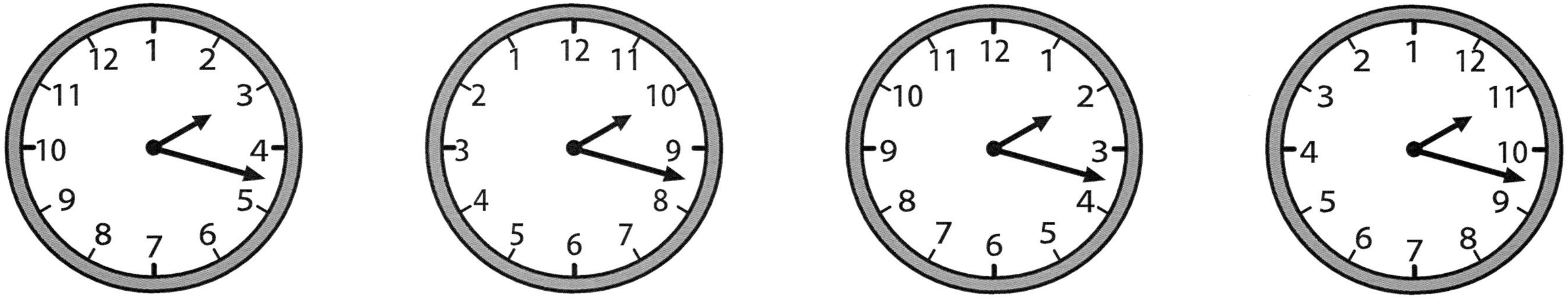

③

日本学習図書株式会社

問題３５－３

④

⑤

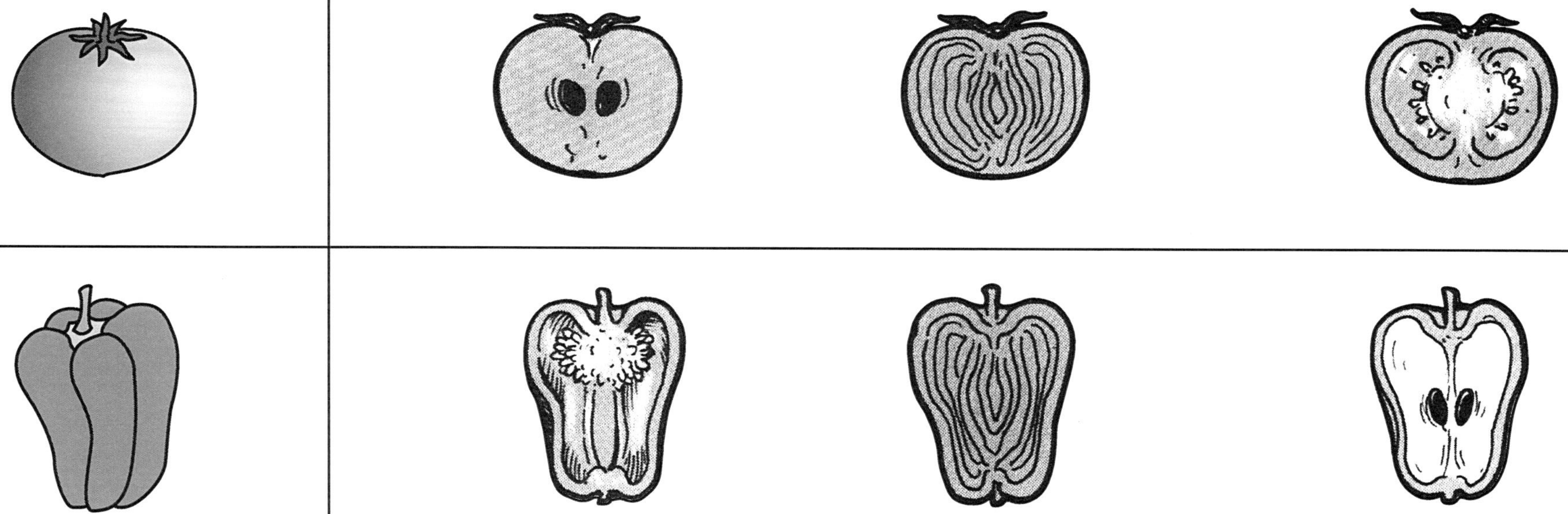

問題３８－１

①「海の絵」

②「クリスマスプレゼント」

③完成図

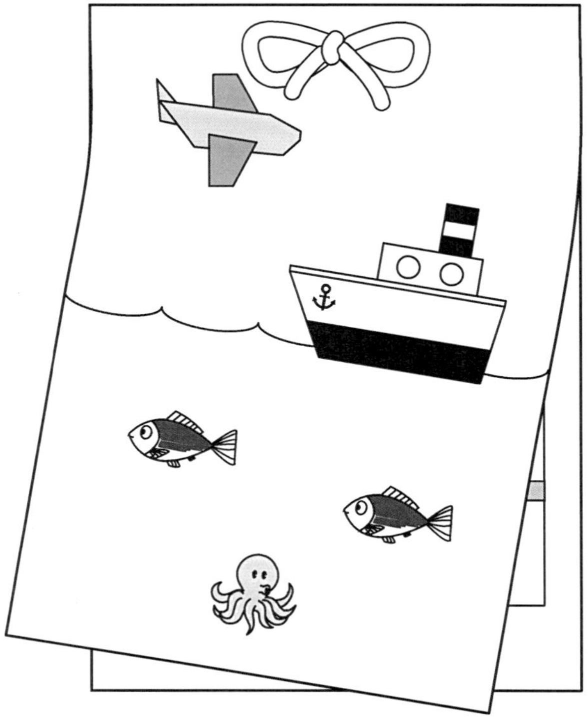

日本学習図書株式会社

☆名進研小学校

2021年度 愛知私立 過去 無断複製／転載を禁ずる 日本学習図書株式会社

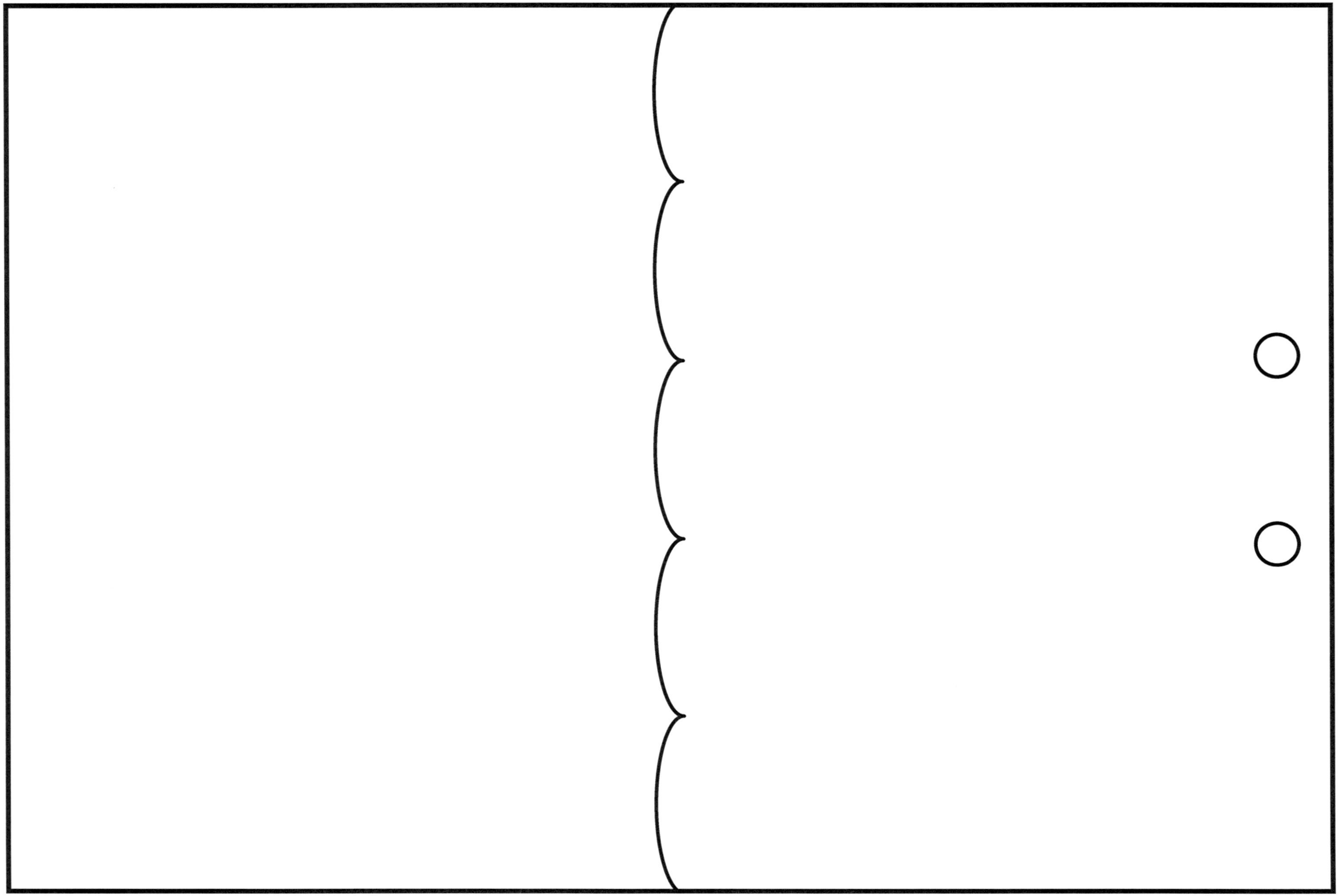

☆名進研小学校

問題３８－３

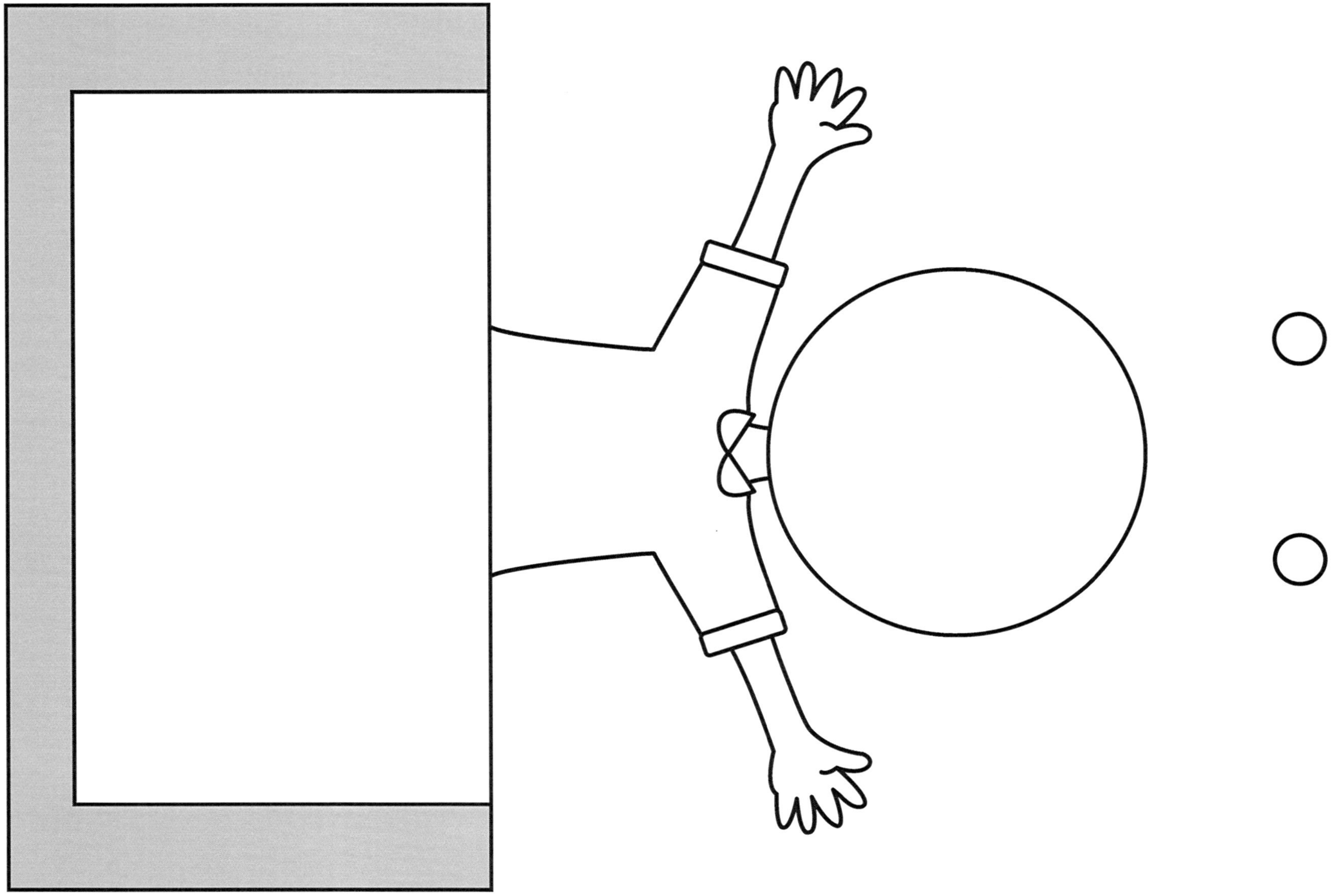

日本学習図書株式会社

☆名進研小学校

2021年度 愛知私立 過去 無断複製／転載を禁ずる 日本学習図書株式会社

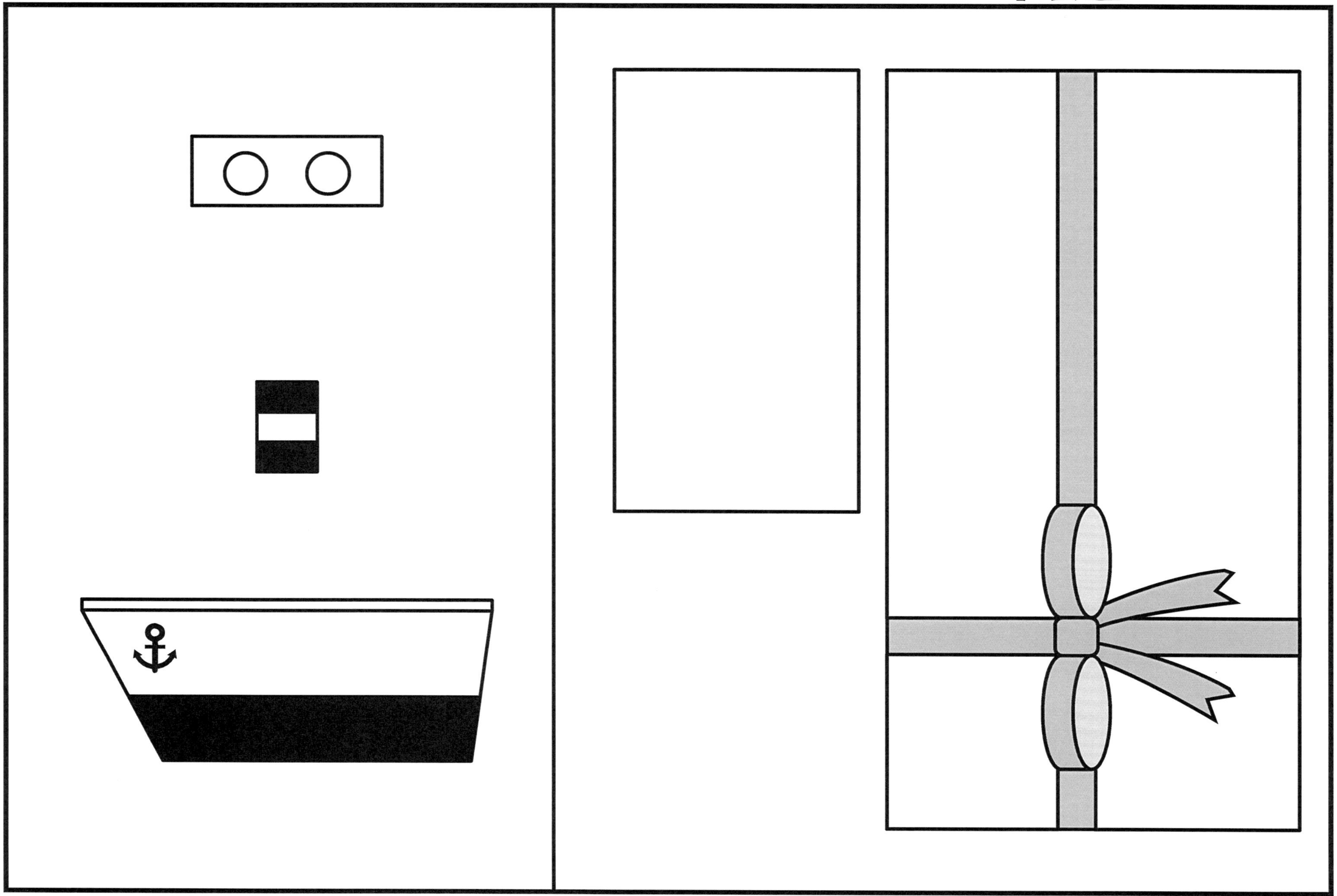

問題39

①

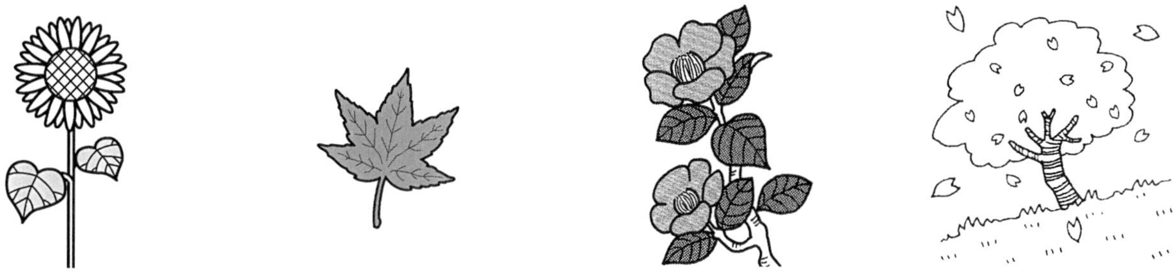

②

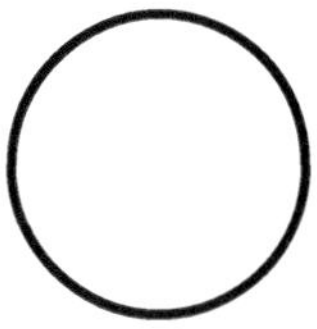

③

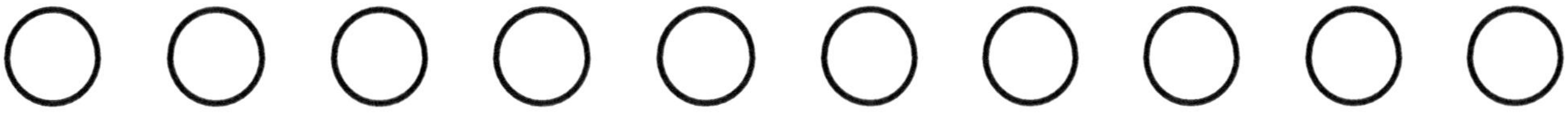

④

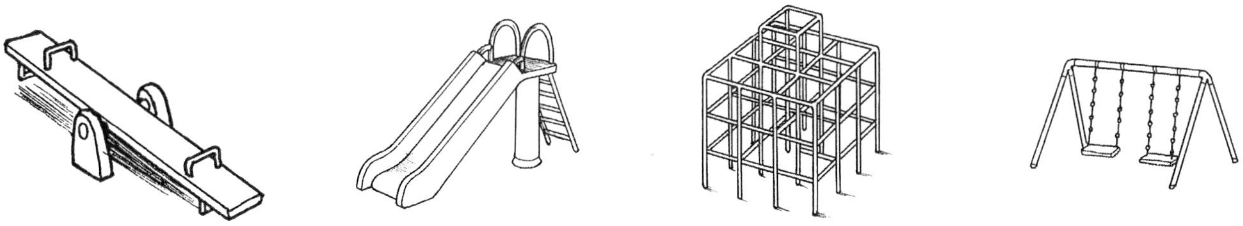

⑤

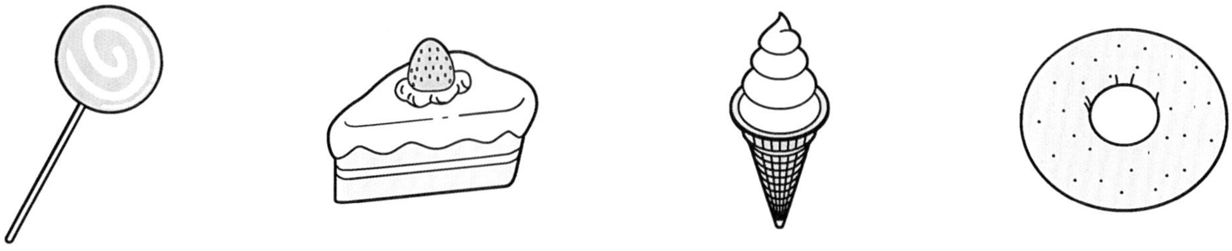

☆名進研小学校

日本学習図書株式会社

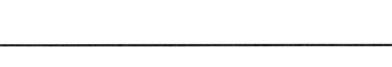

問題４０

①

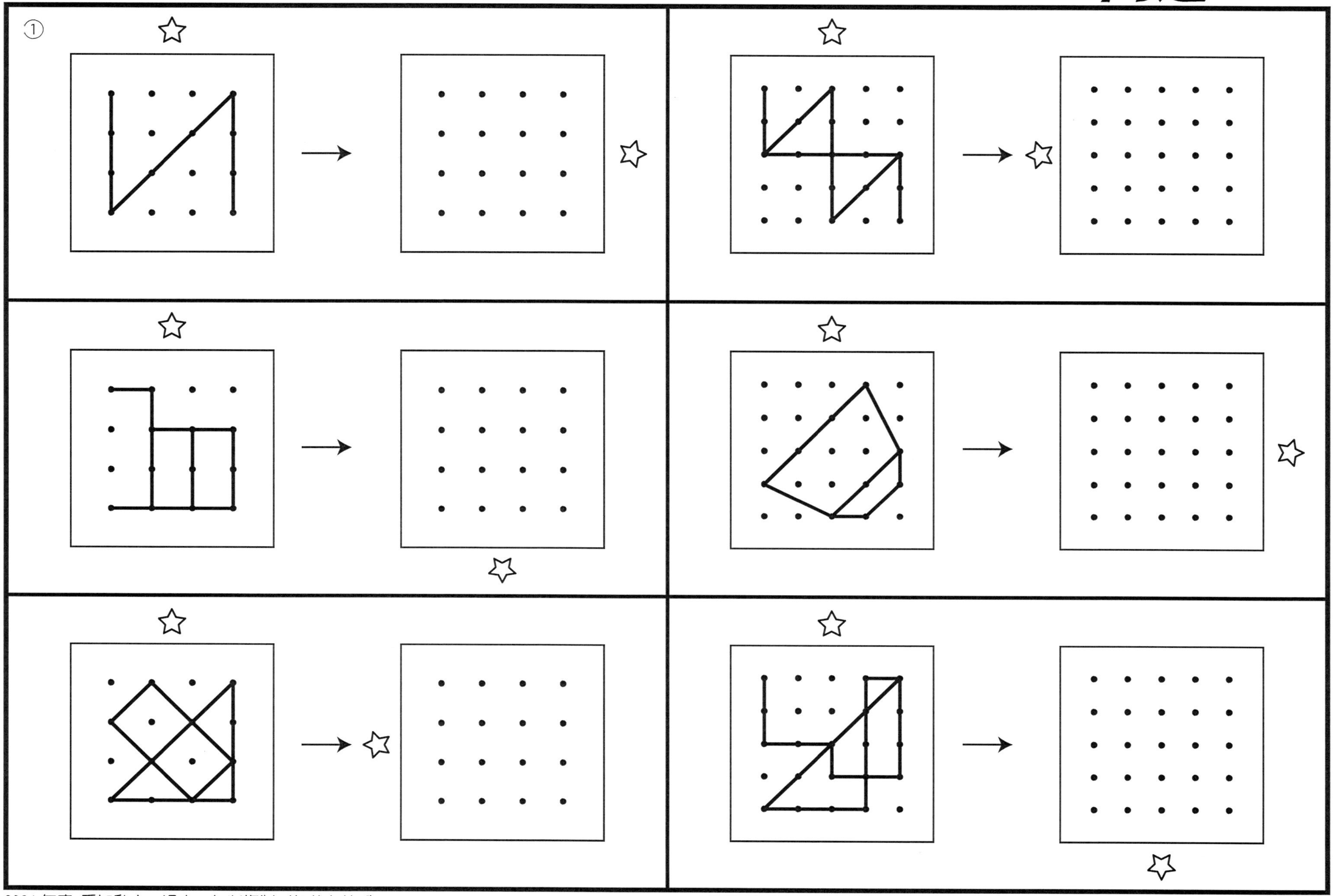

　

分野別 小学入試練習帳 ジュニアウォッチャー

1．点・線図形	小学校入試で出題頻度の高い『点・線図形』の模写を、難易度の低いものから段階別に幅広く練習することができるように構成。
2．座標	図形の位置模写という作業を、難易度の低いものから段階別に練習できるように構成。
3．パズル	様々なパズルの問題を難易度の低いものから段階別に練習できるように構成。
4．同図形探し	小学校入試で出題頻度の高い、同図形選びの問題を繰り返し練習できるように構成。
5．回転・展開	図形などを回転、または展開したとき、形がどのように変化するかを学習し、理解を深められるように構成。
6．系列	数、図形などの様々な系列問題を、難易度の低いものから段階別に練習できるように構成。
7．迷路	迷路の問題を繰り返し練習できるように構成。
8．対称	対称に関する問題を4つのテーマに分類し、各テーマごとに問題を段階別に練習できるように構成。
9．合成	図形の合成に関する問題を、難易度の低いものから段階別に練習できるように構成。
10．四方からの観察	もの（立体）を様々な角度から見て、どのように見えるかを推理する問題を段階別に整理し、1つの形式で複数の問題を練習できるように構成。
11．いろいろな仲間	ものや動物、植物の共通点を見つけ、分類していく問題を中心に構成。
12．日常生活	日常生活における様々な問題を6つのテーマに分類し、各テーマごとに一つの問題形式で複数の問題を練習できるように構成。
13．時間の流れ	『時間』に着目し、様々なものごとは、時間が経過するとどのように変化するのかということを学習し、理解できるように構成。
14．数える	様々なものを『数える』ことから、数の多少の判定やかけ算、わり算の基礎までを練習できるように構成。
15．比較	比較に関する問題を5つのテーマ（数、高さ、長さ、量、重さ）に分類し、各テーマごとに問題を段階別に練習できるように構成。
16．積み木	数える対象を積み木に限定した問題集。
17．言葉の音遊び	言葉の音に関する問題を5つのテーマに分類し、各テーマごとに問題を段階別に練習できるように構成。
18．いろいろな言葉	表現力をより豊かにするいろいろな言葉として、擬態語や擬声語、同音異義語、反意語、数詞を取り上げた問題集。
19．お話の記憶	お話を聴いてその内容を記憶、理解し、設問に答える形式の問題集。
20．見る記憶・聴く記憶	「見て憶える」「聴いて憶える」という『記憶』分野に特化した問題集。
21．お話作り	いくつかの絵を元にしてお話を作る練習をして、想像力を養うことができるように構成。
22．想像画	描かれてある形や景色に好きな絵を描くことにより、想像力を養うことができるように構成。
23．切る・貼る・塗る	小学校入試で出題頻度の高い、はさみやのりなどを用いた巧緻性の問題を繰り返し練習できるように構成。
24・絵画	小学校入試で出題頻度の高い、お絵かきやぬり絵などクレヨンやクーピーペンを用いた巧緻性の問題を繰り返し練習できるように構成。
25．生活巧緻性	小学校入試で出題頻度の高い日常生活の様々な場面における巧緻性の問題集。
26．文字・数字	ひらがなの清音、濁音、拗音、拗長音、促音と1～20までの数字に焦点を絞り、練習できるように構成。
27．理科	小学校入試で出題頻度が高くなりつつある理科の問題を集めた問題集。
28．運動	出題頻度の高い運動問題を種目別に分けて構成。
29．行動観察	項目ごとに問題提起をし、「このような時はどうか、あるいはどう対処するのか」の観点から問いかける形式の問題集。
30．生活習慣	学校から家庭に提起された問題と思って、一問一問絵を見ながら話し合い、考える形式の問題集。

31．推理思考	数、量、言語、常識（含理科、一般）など、諸々のジャンルから問題を構成し、近年の小学校入試問題傾向に沿って構成。
32．ブラックボックス	箱や筒の中を通ると、どのようなお約束でどのように変化するかを推理・思考する問題集。
33．シーソー	重さの違うものをシーソーに乗せた時どちらに傾くのか、またどうすればシーソーは釣り合うのかを思考する基礎的な問題集。
34．季節	様々な行事や植物などを季節別に分類できるように知識をつける問題集。
35．重ね図形	小学校入試で頻繁に出題されている「図形を重ね合わせてできる形」についての問題を集めました。
36．同数発見	様々な物を数え「同じ数」を発見し、数の多少の判断や数の認識の基礎を学べるように構成した問題集。
37．選んで数える	数の学習の基本となる、いろいろなものの数を正しく数える学習を行う問題集。
38．たし算・ひき算1	数字を使わず、たし算とひき算の基礎を身につけるための問題集。
39．たし算・ひき算2	数字を使わず、たし算とひき算の基礎を身につけるための問題集。
40．数を分ける	数を等しく分ける問題です。等しく分けたときに余りが出るものもあります。
41．数の構成	ある数がどのような数で構成されているか学んでいきます。
42．一対多の対応	一対一の対応から、一対多の対応まで、かけ算の考え方の基礎学習を行います。
43．数のやりとり	あげたり、もらったり、数の変化をしっかりと学びます。
44．見えない数	指定された条件から数を導き出します。
45．図形分割	図形の分割に関する問題集。パズルや合成の分野にも通じる様々な問題を集めました。
46．回転図形	「回転図形」に関する問題集。やさしい問題から始め、いくつかの代表的なパターンから、段階を踏んで学習できるよう編集されています。
47．座標の移動	「マス目の指示通りに移動する問題」と「指示された数だけ移動する問題」を収録。
48．鏡図形	鏡で左右反転させた時の見え方を考えます。平面図形から立体図形、文字、絵まで。
49．しりとり	すべての学習の基礎となる「言葉」を学ぶこと、特に「語彙」を増やすことに重点をおき、さまざまなタイプの「しりとり」問題を集めました。
50．観覧車	観覧車やメリーゴーラウンドなどを舞台にした「回転系列」の問題集。「推理思考」分野の問題ですが、要素として「図形」や「数量」も含みます。
51．運筆①	鉛筆の持ち方を学び、点線なぞり、お手本を見ながらの模写で、線を引く練習をします。
52．運筆②	運筆①からさらに発展し、「欠所補完」や「迷路」などを楽しみながら、より複雑な鉛筆運びを習得することを目指します。
53．四方からの観察 積み木編	積み木を使用した「四方からの観察」に関する問題を練習できるように構成。
54．図形の構成	見本の図形がどのような部分によって形づくられているかを考えます。
55．理科②	理科的知識に関する問題を集中して練習する「常識」分野の問題集。
56．マナーとルール	道路や駅、公共の場でのマナー、安全や衛生に関する常識を学べるように構成。
57．置き換え	さまざまな具体的・抽象的事象を記号で表す「置き換え」の問題を扱います。
58．比較②	長さ・高さ・体積・数などを数学的な知識を使わず、論理的に推測する「比較」の問題を練習できるように構成。
59．欠所補完	線と線のつながり、欠けた絵に当てはまるものなどを求める「欠所補完」に取り組める問題集です。
60．言葉の音（おん）	しりとり、決まった順番の音をつなげるなど、「言葉の音」に関する問題に取り組める練習問題集です。

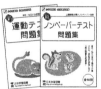

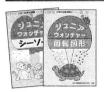

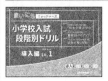

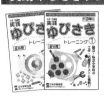

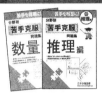

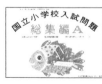

『読み聞かせ』×『質問』＝『聞く力』

お話の記憶の練習に最適

1話5分の
読み聞かせお話集①②

「アラビアン・ナイト」「アンデルセン童話」「イソップ寓話」「グリム童話」、日本や各国の民話、昔話、偉人伝の中から、教育的な物語や、過去に小学校入試でも出題された有名なお話を中心に掲載。お話ごとに、内容に関連したお子さまへの質問も掲載しています。「読み聞かせ」を通して、お子さまの『聞く力』を伸ばすことを目指します。　①巻・②巻　各48話

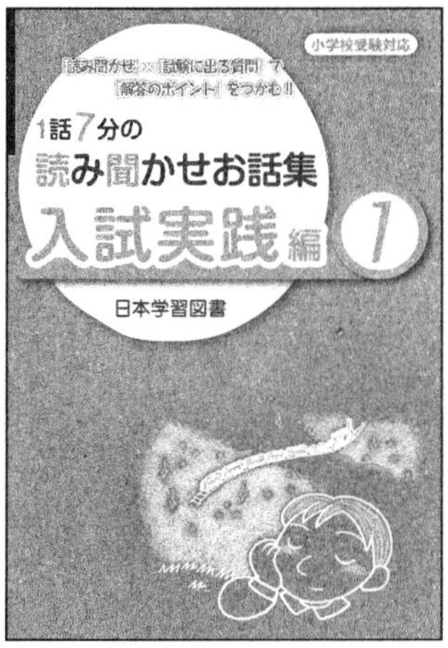

1話7分の読み聞かせお話集
入試実践編①

国立・私立小学校受験対応

最長1,700文字の長文のお話を掲載。有名でない＝「聞いたことのない」お話を聞くことで、『集中力』のアップを目指します。設問も、実際の試験を意識した設問としています。ペーパーテスト実施校の多くが「お話の記憶」の問題を出題します。毎日の「読み聞かせ」と「試験に出る質問」で、「解答のポイント」をつかんで臨みましょう！　50話収録

ニチガクの　この5冊で受験準備も万全！

小学校受験入門
願書の書き方から面接まで　リニューアル版

主要私立・国立小学校の願書・面接内容を中心に、学校選びや入試の分野傾向、服装コーディネート、持ち物リストなども網羅し、受験準備全体をサポートします。

小学校受験で
知っておくべき125のこと

小学校受験の基本から怪しい「ウワサ」まで、保護者の方々からの125の質問にていねいに解答。目からウロコのお受験本。

新　小学校受験の
入試面接Q＆A　リニューアル版

過去十数年に遡り、面接での質問内容を網羅。小学校別、父親・母親・志願者別、さらに学校のこと・志望動機・お子さまについてなど分野ごとに模範解答例やアドバイスを掲載。

新　願書・アンケート
文例集500　リニューアル版

有名私立小、難関国立小の願書やアンケートに記入するための適切な文例を、質問の項目別に収録。合格を掴むためのヒントが満載！　願書を書く前に、ぜひ一度お読みください。

小学校受験に関する
保護者の悩みQ＆A

保護者の方約1,000人に、学習・生活・躾に関する悩みや問題を取材。その中から厳選した200例以上の悩みに、「ふだんの生活」と「入試直前」のアドバイス2本立てで悩みを解決。

日本学習図書株式会社

図書カード1000円分プレゼント

ご記入日　　　年　　月　　日

☆国・私立小学校受験アンケート☆

※可能な範囲でご記入下さい。選択肢は○で囲んで下さい。

〈小学校名〉＿＿＿＿＿＿＿＿　〈お子さまの性別〉男・女　〈誕生月〉＿＿月

〈その他の受験校〉（複数回答可）＿＿＿＿＿＿＿＿

〈受験日〉①：＿＿月＿＿日〈時間〉＿＿時＿＿分　～　＿＿時＿＿分

②：＿＿月＿＿日〈時間〉＿＿時＿＿分　～　＿＿時＿＿分

〈受験者数〉男女計＿＿名（男子＿＿名　女子＿＿名）

〈お子さまの服装〉＿＿＿＿＿＿＿＿

〈入試全体の流れ〉（記入例）準備体操→行動観察→ペーパーテスト

＿＿＿＿＿＿＿＿

Eメールによる情報提供

日本学習図書では、Eメールでも入試情報を募集しております。
下記のアドレスに、アンケートの内容をご入力の上、メールをお送り下さい。

ojuken@nichigaku.jp

●行動観察　（例）好きなおもちゃで遊ぶ・グループで協力するゲームなど

〈実施日〉＿＿月＿＿日〈時間〉＿＿時＿＿分　～　＿＿時＿＿分〈着替え〉□有　□無

〈出題方法〉□肉声　□録音　□その他（　　　　　）〈お手本〉□有　□無

〈試験形態〉□個別　□集団（　　　人程度）　〈会場図〉

〈内容〉

□自由遊び

＿＿＿＿＿＿＿＿

□グループ活動

＿＿＿＿＿＿＿＿

□その他

＿＿＿＿＿＿＿＿

●運動テスト（有・無）　（例）跳び箱・チームでの競争など

〈実施日〉＿＿月＿＿日〈時間〉＿＿時＿＿分　～　＿＿時＿＿分〈着替え〉□有　□無

〈出題方法〉□肉声　□録音　□その他（　　　　　）〈お手本〉□有　□無

〈試験形態〉□個別　□集団（　　　人程度）　〈会場図〉

〈内容〉

□サーキット運動

□走り　□跳び箱　□平均台　□ゴム跳び

□マット運動　□ボール運動　□なわ跳び

□クマ歩き

□グループ活動＿＿＿＿＿＿＿＿

□その他＿＿＿＿＿＿＿＿

●知能テスト・口頭試問

〈実施日〉　月　日〈時間〉　時　分　～　時　分〈お手本〉□有 □無

〈出題方法〉 □肉声 □録音 □その他（　　　　）〈問題数〉＿枚 ＿問

分野	方法	内　容	詳 細・イ ラ ス ト
（例） お話の記憶	☑筆記 □口頭	動物たちが待ち合わせをする話	（あらすじ） 動物たちが待ち合わせをした。最初にウサギさんが来た。次にイヌくんが、その次にネコさんが来た。最後にタヌキくんが来た。 （問題・イラスト） ３番目に来た動物は誰か 
お話の記憶	□筆記 □口頭		（あらすじ） （問題・イラスト）
図形	□筆記 □口頭		
言語	□筆記 □口頭		
常識	□筆記 □口頭		
数量	□筆記 □口頭		
推理	□筆記 □口頭		
その他	□筆記 □口頭		

●制作　（例）ぬり絵・お絵かき・工作遊びなど

〈実施日〉＿月＿日〈時間〉＿時＿分～＿時＿分

〈出題方法〉□肉声 □録音 □その他（　　　　）〈お手本〉□有 □無

〈試験形態〉□個別 □集団（　　人程度）

材料・道具	制作内容
□ハサミ □のり（□つぼ □液体 □スティック） □セロハンテープ □鉛筆 □クレヨン（　色） □クーピーペン（　色） □サインペン（　色）□ □画用紙（□ A4 □ B4 □ A3 □その他：　　　　） □折り紙 □新聞紙 □粘土 □その他（　　　　）	□切る □貼る □塗る □ちぎる □結ぶ □描く □その他（　　　　） タイトル：＿＿＿＿＿＿＿＿

●面接

〈実施日〉＿月＿日〈時間〉＿時＿分～＿時＿分〈面接担当者〉＿＿名

〈試験形態〉□志願者のみ（　）名 □保護者のみ □親子同時 □親子別々

〈質問内容〉

※試験会場の様子をご記入下さい。

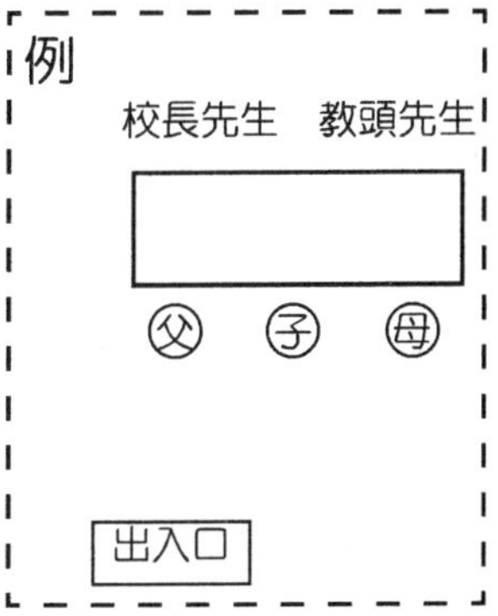

□志望動機　□お子さまの様子

□家庭の教育方針

□志望校についての知識・理解

□その他（　　　　　　　　）

（詳　細）

・

・

・

・

●保護者作文・アンケートの提出（有・無）

〈提出日〉□面接直前 □出願時 □志願者考査中 □その他（　　　　　）

〈下書き〉□有 □無

〈アンケート内容〉

（記入例）当校を志望した理由はなんですか（150 字）

●**説明会**（□有　□無）〈開催日〉　月　日〈時間〉　時　分　～　時　分

〈上履き〉　□要　□不要　〈願書配布〉　□有　□無　〈校舎見学〉　□有　□無

〈ご感想〉

●**参加された学校行事**（複数回答可）

公開授業〈開催日〉　月　日〈時間〉　時　分　～　時　分

運動会など〈開催日〉　月　日〈時間〉　時　分　～　時　分

学習発表会・音楽会など〈開催日〉　月　日〈時間〉　時　分　～　時　分

〈ご感想〉

※是非参加したほうがよいと感じた行事について

●**受験を終えてのご感想、今後受験される方へのアドバイス**

※対策学習（重点的に学習しておいた方がよい分野）、当日準備しておいたほうがよい物など

＊＊＊＊＊＊＊＊＊＊＊＊　ご記入ありがとうございました　＊＊＊＊＊＊＊＊＊＊＊＊

必要事項をご記入の上、ポストにご投函ください。

なお、本アンケートの送付期限は入試終了後３ヶ月とさせていただきます。また、入試に関する情報の記入量が当社の基準に満たない場合、謝礼の送付ができないことがございます。あらかじめご了承ください。

ご住所：〒

お名前：　　　　　　メール：

ＴＥＬ：　　　　　　ＦＡＸ：

アンケートのご記入
ありがとうございました

ご記入頂いた個人に関する情報は、当社にて厳重に管理致します。弊社の個人情報取り扱いに関する詳細は、www.nichigaku.jp/policy.php の「個人情報の取り扱い」をご覧下さい。

家庭学習をトータルサポート！ ニチガクのオリジナル 効果的 学習法

1 まずは アドバイスページを読む！

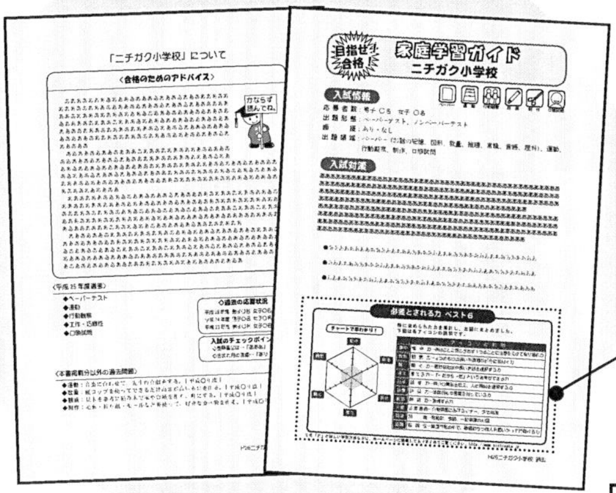

ピンク色です

対策や試験ポイントがぎっしりつまった「家庭学習ガイド」。分析内容やレーダーチャート、分野アイコンで、試験の傾向をおさえよう！

2 問題を全て読み、出題傾向を把握する

3 「学習のポイント」で学校側の観点や問題の解説を熟読

4 初めて過去問題にチャレンジ！

5 プラスα 対策問題集や類題で力を付ける

過去問のこだわり

各問題に求められる「力」

分野だけでなく、各問題の求められる「力」をアイコンで表記！アドバイスページの分析レーダーチャートで力のバランスも把握できる！

各問題のジャンル

問題3 分野：図形（パズル） 集中 観察

〈準　備〉　あらかじめ問題3-1の絵を線に沿って切り離しておく。

〈問　題〉　（切り離したパズルと問題3-2の絵を渡す）ここに9枚のパズルがあります。この中からパズルを6枚選んで絵を作ってください。絵ができたら、使わなかったパズルを教えてください。

出題年度

〈時　間〉　1分

〈解　答〉　省略

［2018年度出題］

学習のポイント

用意されたパズルを使って絵を作り、その際に使用しなかったパズルを答える問題です。パズルのつながりを見つける図形認識の力と、指示を聞き逃さない注意力が要求されています。パズルを作る際には、全体を見渡してある程度の完成予想図を思い浮かべることと、特定の部品に注目して、ほかとのつながりを見つけることを意識して練習をすると良いでしょう。図形を認識し、完成図を予想する力は、いきなり頭に浮かぶものではなく、何度も同種の問題を解くことでイメージできるようになるものです。日常の練習の際にも、パズルが上手くできた時に、「どのように考えたの」と聞いてみて、考え方を言葉で確認する習慣をつけていくようにしてください。

【おすすめ問題集】
Ｊｒ・ウォッチャー３「パズル」、59「欠所補完」

学習のポイント

各問題の解説や学校の観点、指導のポイントなどを教えます。
今日から保護者の方が家庭学習の先生に！

おすすめ対策問題集

分野ごとに対策問題集をご紹介。苦手分野の克服に最適です！

＊専用注文書付き。

2021年度版
愛知県版　私立小学校　過去問題集

発行日　2020年 8月16日
発行所　〒162-0821　東京都新宿区津久戸町 3-11
TH1ビル飯田橋 9F　日本学習図書株式会社
電　話　03-5261-8951 ㈹